AF208911

Inhaltsverzeichnis:

Kunterbunter Christenhund

„Geschichten in Gedichten" über *Gott* und die *Welt* von Hans – Georg Wigge

Haben alte Menschen noch eine Lobby in unserer Gesellschaft? Führt Konsum zur Sinnerfüllung? Wird es irgendwann weltweit Frieden geben? Sind die neuen Medien Fluch oder Segen? Wird die KI zur Bedrohung für die Menschheit? Welche extremistischen Gruppen arbeiten an der Zerstörung unserer Demokratie? Ist Jesus out? Jeder beantwortet diese Fragen wohl anders. Aber auch die ganz banalen herkömmlichen Dinge des Alltags finden sich in den vorliegenden „Geschichten in Gedichten". Sarkastisch, heiter, traurig, fragend, überspitzt. Die Armen, die Kinder, die Behinderten, die Unterdrückten, die Kriegsopfer, die Flüchtlinge sind ebenso Thema, wie viele eher nebensächliche Dinge und Vorgänge des grauen Alltags. Meinem großen Vorbild Eugen Roth Tribut zollend, menschelt es, wie immer, aus jeder Ecke und Kante in diesem neuen Gedichtband. Ich hoffe, mit dem ein oder anderen Geschriebenen einen Beitrag zu leisten, der die Welt zum Besseren verändert.

Copyright 2024 by Hans – Georg Wigge
Verlag: BoD · Books on Demand GmbH, In de Tarpen 42, 22848 Norderstedt
Druck: Libri Plureos GmbH, Friedensallee 273, 22763 Hamburg
ISBN: 978-3-7597-7655-6

Lach doch, Gott liebt dich!

Wenn morgens schon der Regen prasselt,
dein Kopf an eine Schranktür rasselt,
das Toastbrot auf den Boden fällt,
der Knopf an deinem Hemd nicht hält,
wenn dann das Auto nicht anspringt,
der Einkauf dich zur Weißglut bringt,
die Einkaufstasche auch noch reißt
und nur noch Dunkles in dir kreist,
dann ist es Zeit für dieses Buch,
es nimmt dem Unheil seinen Fluch.
Hier zeigt das Leben sein Gesicht,
beschreibt das Dunkel und das Licht.
Brüh dir in Ruhe einen Tee,
schau auf des Tages Ach und Weh,
lass´ dich beglücken von Humor,
schon kommt der Tag dir heller vor.
Denk nicht schon heute nur an Morgen
denn jeder Tag bringt neue Sorgen,
sieh auf die Schöpfung voller Pracht
und das, egal was kommt, Gott wacht.
Viel Spaß beim Lesen und beim Schmunzeln,
das schont die Nerven, glättet Runzeln.
Es soll dir helfen, was hier steht,
das wünscht erneut ein Dorfpoet.

Nur ein Traum?

Hand in Hand steht Kind an Kind,
als Kette um die Welt.
Schwarz und weiß und gelb und rot,
weil nicht die Farbe zählt.

Jedes Kind ein Unikat
und täglich wächst die Zahl,
jedes Kind ein Edelstein,
rund um den Erdenball.

Niemand stirbt noch auf dem Meer,
weil niemand flüchten muss.
Waffen werden umgeformt,
mit Kriegen ist dann Schluss.

Alle Kinder gleiche Chancen,
nicht indoktriniert,
Bildung, Nahrung, Perspektive,
die zur Gleichheit führt.

Feinde reichen sich die Hände,
Frieden küsst die Welt,
Gerechtigkeit für alle Völker,
weil nur noch Liebe zählt.

Und als die Nacht kommt sieht man nichts,
spürt nur des Nächsten Hand,
wird dieser schöne Traum einst wahr,
steht niemand mehr am Rand.

Dann teilen Menschen Überfluss
und schenken Herz und Gut,
denn Taten sind das Wichtige,
weil Liebe ist, was Liebe tut.

Gibst du auch wenig, denk ans Ziel, viel Weniges ergibt ein Viel.

-Isnah Eggiw-

Krankenhauskännchen

Ein Mensch, ins Krankenhaus gekommen,
liegt nach Narkose arg benommen,
in seinem Bett und harrt der Dinge,
hofft, dass die Heilung rasch gelinge.

Es naht ein Pfleger unterdessen,
erlaubt ihm, wieder was zu essen,
auch trinken darf er fortan weiter,
das stimmt ihn zuversichtlich heiter.

Er nimmt das Kännchen, ganz aus Glas
und schon vergeht ihm jeder Spaß.
Den Pfeil stellt er genau nach vorn,
doch die Bescherung ist enorm.

Es schwimmt das ganze Essenstischchen,
als sei es Heimat für die Fischchen.
Wer hat das Kännchen nur erfunden,
dies Ärgernis für kranke Kunden?

Da ihm das Kaffeekännchen gleicht,
erfand derselbe es vielleicht,
denn dieses Kännchen macht am Morgen
am Frühstückstisch schon nasse Sorgen.

Reibt der Erfinder sich die Hände?
Macht er sich lustig gar am Ende?
War er ein Scherzkeks, ist die Frage,
der Spaß hat an der Wasserplage?

Der Mensch, der jene Dinge zeugte
und nicht das Endprodukt beäugte,
der sollte täglich trockenwischen,
die Sintflut auf den Beistelltischen.

Wer Dinge schöpft, die Nerven schaden,
der müsste selbst im Unsinn baden.
Dem Einkauf aber sei empfohlen,
ein anderes Produkt zu holen.

Ein Besseres, das funktioniert
und nicht zur Überschwemmung führt.
Das freute Personal und Kranke,
und auch das Wasserwerk sagt „Danke".

So käme es zum Happy End,
für Pflegekraft und für Patient
und auch die Dinge auf den Tischen
entzögen sich dem Trockenwischen.

Nicht alles Alte ist zwar „schlecht",
doch hier passt dieses Wort zurecht.
Wer hat den Mut und ändert das,
zu trocknen, was sonst täglich nass?

Es ist so wie im wahren Leben,
im Grunde wird es Gutes geben.
Doch weil es immer schon so war,
nutzt man das Schlechte – Jahr für Jahr.

Es wird der Tag kommen, da in den Krankenhäusern millionenschweres Equipment vorhanden ist, doch niemand mehr, der es bedienen kann, da an Personal gespart wurde.
-Isnah Eggiw-

Alles Gute

Ein Mensch, zum runden Wiegenfest,
beschließt, dass er sich feiern lässt.
Ganz groß im Saal und nicht im Garten
und druckt vorab 200 Karten.

Bestellt Musik, Getränke, Essen,
hat fernste Freunde nicht vergessen.
So trudeln erste Karten ein,
der Tenor lautet leider: Nein.

Der eine ist im Urlaub gerade,
der nächste findet das sehr schade,
an jenem Tag hat selbst er Gäste,
wünscht trotzdem für das Fest das Beste.

Der Dritte kriegt da neue Möbel,
den Vierten hat der Job im Knebel,
so geht es weiter Tag für Tag,
die Gästeschar schmolz schnell und stark.

Der Mensch muss nun den Saal stornieren,
die vielen Speisen reduzieren,
bestellt ein Zelt für seinen Garten,
beginnt auf Rückantwort zu warten.

Er las nur hätte … kann nicht … wollte …
ich weiß nicht, wie ich´s schaffen sollte …
Der Mensch, letztendlich tief verzagt,
hat seine Feier abgesagt.

Nun hängt er nach den Frustgedanken,
hält seine Wut nur schwer in Schranken.
Sein Herz, das wurde hart wie Stein,
dort am Geburtstag, so allein.

Die Stammgaststätte lud ihn ein,
an jenem Tag ihr Gast zu sein.
Das fand er in der Vortagspost
und bot ihm leidlich etwas Trost.

Als er dort kam am Ehrentag,
nahm ihn der Chef gleich in Beschlag
und bat ihn, mit ihm mitzugehen,
er werde gleich was Schönes sehen.

So kamen sie zum großen Saal,
dort standen Menschen hoher Zahl,
die „Absager" zu seinem Feste,
als wahre Überraschungsgäste.

Der Mensch, der strahlte ganz beglückt,
hat´s Menschenbild zurechtgerückt,
beschloss, er wird an allen Tagen,
ans Gute nun zu glauben wagen.

Das, manchmal, ohne Hinterlist,
beweist, was wirklich menschlich ist …
So wurde das famose Fest,
ein Beispiel, dass viel Hoffnung lässt.

*Die Seele ernährt sich von
dem, worüber sie sich freut.*
- Augustinus -

Am Tisch

Verstümmelte Körper, die Seelen zerstört,
für Land, welches anderen Menschen gehört.
Despoten, die hetzen die Bluthunde auf
und wieder nimmt maßloses Morden den Lauf.

Die Schlächter berauscht das Bereiten von Qual,
ihr Nektar sind Waffen in horrender Zahl.
Zwei Kämpfer, die gehen geblendet zum Heer,
es bleiben zwei Stühle am Tisch vorerst leer.

Es kommt, wie jeder Krieg einst begann,
der eine, der wehrt sich und einer greift an.
Es sterben die Menschen, es stirbt keine Zahl,
sie sterben nicht still, sie sterben voll Qual.

Im Bunker die Unschuld, weint still vor sich hin,
was hat sich geändert seit Welten Beginn?
Die Kriege gebären nur Not und nur Leid,
der Name der Eltern ist Sinnlosigkeit.

Erneut werden Krieger des Sensenmanns Raub,
mutieren zu kommenden Kriegsbodens Staub.
So sterben die Recken, die Stühle nun leer,
verwaiste Familien - sie kommen nie mehr.

Es bleiben nur Schutt und nur Asche zurück
und Scherben der Zeiten von Freiheit und Glück.
Die Uhr dreht sich weiter, die Sonne sie scheint,
die Erde war niemals in Frieden vereint.

Talente, Gefühle, der Geist und Verstand,
erfahren ihr Ende im Sterben für Land.
Die Apokalypse ist nicht weit entfernt,
die Menschheit hat nichts aus Konflikten gelernt.

Essenz aller Kriege durch Raum und durch Zeit,
der Tod bleibt ein Meister - ein Meister weltweit.

Kriegen enthält Krieg,
doch niemand kriegt etwas,
weil nichts übrigbleibt.

-Isnah Eggiw-

Flat Earth

Herr Meier, sonst ein kluger Mann,
las sich Verschwörungsmythen an.
„Bill Gates, der reichste Mann der Welt,
der nutzt sein Wissen und sein Geld
Corona dieser Welt zu bringen,
um sich zum Herrscher aufzuschwingen."
So stand es drohend, groß und fett,
als Überschrift ihm Internet.
Herr Meier las das voll Entsetzen,
verfing sich in Verschwörungsnetzen,
ließ sich auf jene Seiten leiten,
wo manche Wichtigtuer streiten.
Dort warnten Menschen, ernsthaft schauend,
vor Hochfinanz, das Weltreich bauend.
Die nächsten selbsternannten Kenner
die schufen neue YouTube-Renner:
… Die Menschheit würde bald vernichtet
durch Masten, für 5G errichtet.
Nur Alu-Hüte böten Schutz
vor jenem bösen Covid-Schmutz.
… Reptiloide Menschenwesen,
war weiterhin im Netz zu lesen,
besetzten Führungspositionen,

um sich mit Weltmacht zu belohnen.
... Die Mikrochips in den Vakzinen
die würden Überwachung dienen,
sie schwirrten durch Synapsen Knoten
als neue Mini-Stasiboten.
... Es wäre ganz klar nun bewiesen
durch hochkorrekte Analysen,
die Erde würde vom Design,
wohl eher flach, statt kugelig sein.
Ein Freund, der ebenfalls viel las,
doch selbst zu denken nicht vergaß,
der wusste von Herrn W.´s Verdacht
und hat sich einen Spaß gemacht:
„Der Covid-Virus nimmt Reißaus,
hast du viel Clopapier im Haus",
so sprach er - Meier fiel herein,
und deckte sich entsprechend ein.
Denn in der Presse stand zu lesen,
es stockt das deutsche Nachschubwesen,
an Clopapier in den Regalen,
durch ungewohnte Käuferzahlen.
So hat er erstmal vorgesorgt,
sich einen Hänger ausgeborgt.
Jetzt harren hinter Kellertür
achthundert Rollen Clopapier.

Er weiß nicht, ob das wirklich nützt,
doch fühlt er leidlich sich geschützt,
vor den dubiosen Netzwerk - Mächten,
die diese Welt mit Bösem knechten
und auf dem Weg zum Macht gestalten
nicht einmal vor dem Abort halten.

Corona hat uns gelehrt, dass selbst auf die guten alten Sprichwörter kein Verlass mehr ist, denn es hat definitiv Auswirkungen, wenn in China ein Sack Reis umkippt.

-Isnah Eggiw-

Hätte, hätte, Fahrradkette

Soll ich, oder soll ich nicht …,
ein Satz der Aufbruch rasch zerbricht.
Es könnte falsch gewesen sein …,
macht Risiko in Zukunft klein.
Ach hätte ich, kommt meist zu spät …,
denn Zeit geht nicht zurückgedreht.
Ich könnte mal, doch ohne Tun …,
lässt jeden Aktionismus ruh´n.
Der Mensch, der so lebt alle Tage,
versagt bei mancher Lebensfrage.
Denn hätte er sofort begonnen,
dann wäre das schon halb gewonnen.
Sonst wird, ganz dampflos, dieser Kessel,
tagtäglich mehr zu einer Fessel.
Der Mensch verkommt zur Phlegmabeute
und sitzt nur noch und das bis heute.

Auch wenn du manchmal schon im Voraus heftig leidest, weine nicht, bevor du Zwiebeln schneidest.

-Isnah Eggiw-

Tunnelblick

Was ist nur mit den Schafen los?
Was treiben diese Kühe bloß?
Auf saftig grünen Wiesen stehend,
versuchen sie, laut muhend, mähend,
den Kopf durch Zäune durchzustecken,
zu knabbern an verdorrten Hecken.
Auch Menschen merken manchmal nicht,
durch irgendeine falsche Sicht,
sie stehen auf ganz grünen Wiesen,
doch kehren sie den Rücken diesen.
So funktioniert auch mancher Christ,
der eigentlich im Grünen ist,
doch immer wieder mal verstockt,
durch Unkraut, das am Wegrand lockt.

Lasse dich nie vor einen Karren spannen, der keine Räder hat.

-Ignak Eggiw-

Jekyll and Hyde

Oftmals scheint es, im Verkehr,
verwandeln sich die Menschen sehr.
Esel, Schweine und auch Affen,
nutzt man dort als Wortwahlwaffen.
Der unscheinbare, blasse Stille,
setzt auf die dunkle Sonnenbrille.
Der Mittelfinger wird gezückt,
die Regeln selbst zurechtgerückt.
Es wird genötigt und gehetzt,
die Fairness im Verkehr verletzt,
bestätigt so, nicht in der Stirn -
im rechten Fuß sitzt mein Gehirn.
Man überholt trotz der Gefahr
an Stellen, wo sonst nur ein Narr.
Ist dann die nächste Ampel rot,
bringt das den Wahnsinn in das Lot.
Wobei auch dort so mancher glaubt,
die Freiheit würde ihm geraubt
und statt, dass er die Vorfahrt achtet,
das Rot als Vorschlag nur betrachtet.

Das Fazit von der Raserei,
(man fasst sich an den Kopf dabei),
für ein Stück Wagenlänge Sieg
führt mancher auf der Straße Krieg!

Senden

In Zeiten von sofort und gleich,
wird mancher durch Computer reich.
Die vielen Shops im Internet,
die locken selbst zum Kauf im Bett.

Ein Mensch, ein treuer Freund des Lesens,
Besitzer eines sanften Wesens,
der hat ein Büchlein sich bestellt
… ein Klacks in digitaler Welt.

Jetzt wartet er schon fast zwei Wochen
und Ungeduld kommt angekrochen.
Doch will er sich nochmal gedulden,
ertragen diese Lieferschulden.

Danach hat er die Nase voll,
schreibt eine Mail in seinem Groll.
Es ist, wenn jemand wütend schreibt,
ein Fakt, dass er dann übertreibt.

Er schreibt, mit jener Warterei,
sei es für ihn nun mal vorbei
und steigert sich in Wut hinein,
wie, soll hier nicht beschrieben sein.

Vergessen ist sein sanftes Wesen
und statt noch einmal nachzulesen,
lässt er der Finger Arbeit enden
und drückt auf jene Taste „Senden".

Kaum ist die Mail davongeflogen,
fliegt Schicksal ebenfalls im Bogen,
hat flugs der Wut die Kraft genommen,
denn gerade ist die Post gekommen.

Nun liegt das Büchlein auf dem Tisch,
daneben noch ein kleiner Wisch,
dem Händler täte sie sehr leid,
die ewig lange Wartezeit.

… sein Internet fiel lange aus,
fast keine Ware ging hinaus,
ein Bagger kappte eine Leitung,
blockierte so die Kaufbegleitung.

Es war demnach nicht unsre Schuld,
doch vielen Dank für die Geduld.
So schrieb die Firma voller Scham
was ihrer Schuld den Stachel nahm.

Der Mensch, nun ebenfalls beschämt,
sitzt eine Zeit lang wie gelähmt,
beschließt, statt vorschnell wegzuklicken
und Zorn ins Internet zu schicken,

in Ruhe künftig nachzudenken,
statt ohne Hintergrund zu kränken,
darüber noch einmal zu schlafen,
bevor das Schiff verlässt den Hafen.

Einkauf übers Internet
macht Kunden und Konzerne fett.
-Isnah Eggiw-

Betrügerischer Gartenfreund

Ein Mensch, botanisch unbeleckt,
hat in die Erde Grün gesteckt,
sich nicht mehr groß darum bemüht,
voll Hoffnung, dass da bald was blüht.

Doch Unkraut lauert schon in Ecken
um jenes Beet bald zu bedecken.
Der Mensch vergisst es auszupflücken,
so lässt für Blumen es kaum Lücken.

Der Nachbar sieht das wilde Beet
und fragt sich, worum es da geht?
Der Mensch, der Jäten ganz vergaß,
der dachte: „Wie erklär ich das?"

So nannte er das Beet im Hofe,
den Gegenpol zur Katastrophe,
die unsere Umwelt bald zerstört,
wenn keiner auf die Mahner hört.

Er machte sich als fauler Sitzer
zum Vorbild aller Umweltschützer.
Der Nachbar sah ihn staunend an
und dachte, wow, ein toller Mann.

Der setzte einen obendrauf
und stellte gar ein Schild noch auf,
mit seiner Simulierdevise:
Hier wächst die wilde Blumenwiese!

Over, Ende, Out

Wo sind sie hin, die Emotionen,
die tief in jedem Menschen wohnen?
Wo ist sie hin, die Segenszeit,
die Ahnung von der Ewigkeit?
Wo sind sie hin, die vielen Worte,
der guten und der schlechten Sorte?
Wo ist er hin, der Hauch von Glück,
aufs Paradies ein kleiner Blick?
Wo sind sie hin, die vielen Fragen,
die mystisch auf den Herzen lagen?
Wo ist es hin, was du nur hast
und nur in deine Seele passt?
Es ist zurück zu Gott dem Herrn,
nicht ausgelöscht, auf keinem Stern,
nicht nochmal da, reinkarniert,
nicht ins Nirwana weggeführt.

Ein Satz nur reicht, das zu erleben:
„Mein Leben will ich Jesus geben."
Nur Atheisten rufen laut:
„Das war es, Over, Ende, Out."
So gehen sie tatsächlich hin,
aus einem Leben ohne Sinn.
Das Angebot, es steht bereit,
bis hin zur allerletzten Zeit.
Der Weg ist breit, der Pfad ist schmal,
Gott lässt im Leben dir die Wahl.
Warum nur, greift der Mensch nicht zu?
Die Frage bleibt: „Was fürchtest du?"

Der Weg zum Seelenfrieden:
Alles weglassen, was nicht im
Sinne Jesu ist. Er ist der Weg, die
Wahrheit und das Leben.
-Isnah Eggiw-

Märchenstunde

Was ist nur mit den Märchen los?
Die Kinder werden ohne groß.
Dort lauern Dogmen und Gefahren,
erklärt die Wissenschaft seit Jahren.

Frau Holle schüttelt Betten auf,
schon nimmt das Unheil seinen Lauf.
Der Feinstaub richtet Schäden an ...
Frau Holle gibt das Schütteln dran.

Der böse Wolf ist wieder da,
kommt Geißlein auf das Neue nah.
Doch diesmal kommt er nicht verkleidet,
wenn dadurch auch die Schafzucht leidet.

Drei Männlein standen einst im Wald,
jetzt heißen sie Pilz*innen bald.
Männ*innen traut man sich noch nicht,
doch passt der Satz grad ins Gedicht.

Wer gendern möchte, soll das tun,
ich sage weiter Hahn und Huhn
und wünsche mir von dieser Welt,
dass Toleranz für mich auch zählt.

Der Frosch wird auch nicht mehr geküsst,
weil er ein Virenträger ist.
Rapunzel muss sich umgewöhnen,
darf nur mit Ökostrom noch föhnen.

Auch Hänsel, Gretel, jene beiden,
die müssen nicht verlaufen leiden.
Die Hexe hat das Glück gehabt,
dass sich Zensur die Story schnappt …

Und selbst der wilde Struwwelpeter
verkommt zum kriminellen Täter.
Paulinchen bleibt allein zu Haus,
ihr Zündeln ist der Welt ein Graus.

Wo sind die schönen Märchen hin,
voll Weisheit, Spannung, tiefem Sinn.
Stattdessen Facebook, TikTok, X,
als Schein- und als Verdummungsmix.

Doch nicht nur Märchen haben Ruh`,
auch Pippi oder Winnetou,
die werden ab sofort versteckt,
sie sind auf einmal nicht korrekt.

Denn angeeignet kulturell
zieht man dem Schreiber ab das Fell.
Selbst Instrumente auf Konzerten
muss man fortan ganz neu bewerten.

Hört auf den Dudelsack zu spielen,
weil sonst vor Wut die Schotten schielen.
Lasst ab sofort auch nicht mehr zu
das Spielen vom Didgeridoo.

Was früher harmlos galt als Scherz,
zum Beispiel der „Ostfriesennerz",
lässt heute Gutmensch lauthals schnauben:
„Ihr könnt doch nicht Kulturgut rauben!"

In Talkshows rufen die Experten,
nach neuen Regeln, neuen Werten.
Das Kind zu retten sei das Ziel –
das mordend sitzt vorm Ballerspiel ...

Heldenfriedhof

Soldat

... vom Bösen verführt

... zum Unmensch gekürt

... gestorben im Krieg

... für sinnlosen Sieg

... einmalig geboren

... das Leben verloren

... den Eltern genommen

... nie mehr wirst du kommen

... dein Erbe nur Leid

... ein Sandkorn der Zeit

... gestorben allein

... ein Denkmal aus Stein

... aus Dasein entfernt

... weil Menschheit nichts lernt

... die Welt steht nicht auf

... zu stoppen den Lauf

... von sinnlosen Zielen

... die Kriegstreibern dienen.

Soldat - eine Zahl,

Despoten egal,

um Ruhm zu erreichen,

auf Bergen von Leichen.

Höhere Gewalt

Es plant ein Mensch die Urlaubsreise
und nutzt die Zeit der Sonderpreise,
denn außerhalb der Ferienzeit
macht er zum Chillen sich bereit.

Er hat Hotel und Flug gebucht,
sich Attraktionen ausgesucht,
die Welcome-Card für Nahverkehr …
gut durchgeplant, was will man mehr.

Am Airport in der Warteschlange,
da wird dem Menschen plötzlich bange.
Was dauert heute hier drei Stunden?
Warum spricht man nicht mit den Kunden?

Ihm fallen fast die Augen raus,
am Infostand steht: Flug fällt aus!
Es wird gestreikt, nichts geht hier mehr …
dem Menschen wird das Herz ganz schwer.

Noch eben sah er sich schon sitzen,
am Pool bei Sekt und Häppchen schwitzen,
schon fährt stattdessen er nach Haus,
der Urlaub fällt für diesmal aus.

Als er nach der Erstattung fragt,
wird ihm am Telefon gesagt:
Da gibt es nichts, so ist das halt,
denn das war höhere Gewalt.

Der Mensch muss ziemlich an sich halten,
er würde gerne auch „gewalten".
Jedoch befreit er sich von Qualen,
dann muss er halt mal Lehrgeld zahlen.

Im nächsten Jahr, vermeintlich klug,
nutzt jener Mensch, statt Flug den Zug.
Auch diese Reise fand nicht statt,
weil nun die Bahn verweigert hat.

Der Mensch, geschasst um Flug und Fahrten,
erwarb sich einen Schrebergarten,
jetzt kann ihm mal gestohlen bleiben,
Enttäuschung durch Gewerkschaftstreiben.

Funkloch

Ein kleiner Smartphonenutzer,
der raste hin und her,
nur wer stets in Smartphone spricht,
der scheint wirklich wer.

Ein kleiner Smartphonenutzer,
der hatte selten Zeit,
denn wer erst ein Smartphone hat,
lebt nicht mehr befreit.

Ein kleiner Smartphonenutzer,
der hatte es oft schwer,
denn bei ihm und auch dem Smartphone
war oft der Akku leer.

Ein kleiner Smartphonenutzer,
fuhr aus seiner Haut,
denn die ständige Belastung
führte zum Burn-Out.

Ein kleiner Smartphonenutzer,
der wurde ernsthaft krank,
Herzinfarkt und Schlaganfall
leerten seinen Tank.

Ein kleiner Smartphonenutzer
stellt stumm den Handyton,
denn der stört die Mitpatienten
der Intensivstation.

*Wer sich täglich verbiegt, wird
irgendwann nicht mehr geradestehen.*
-Isnah Eggiw-

Kommunistische Futterstelle

Ein Mensch kam in ein Armengrab,
weil er nicht hatte Gut und Hab.
Ein anderer starb am nächsten Tag
und prunkvoll war des Menschen Sarg.
Doch ganz egal, ob arm, ob reich,
den Würmern war das völlig gleich.

Weltenretter

Ein Mensch, der wollte hier auf Erden,
ein Stück weit Weltenretter werden,
die riesengroßen Räder drehen,
weltweit zur Seite Armen stehen.

Er schaute suchend in die Ferne,
wer nimmt wohl meine Hilfe gerne?
Doch ganz egal, wohin er sah,
war überall viel Elend da.

Dann traf er einen weisen Mann,
mit dem er ein Gespräch begann.
Der sprach: „Schau doch nicht in die Weite,
schau einfach links und rechts zur Seite.

Der Mensch beherzte diese Sicht,
sah vieles in ganz neuem Licht
und registrierte, jetzt und hier,
der Nächste steht doch neben mir.

Ein Mensch begann sodann ganz klein
dem Nächsten Helfender zu sein,
erhielt den allergrößten Lohn
in Form von Kettenreaktion.

Denn jeder, dem er stand zur Seite
und aus so mancher Not befreite,
der wurde zuversichtlich heiter
und gab die Nächstenliebe weiter!

Herr, unsere Erde ist nur ein kleines Gestirn im großen Weltall. An uns liegt es, daraus einen Planeten zu machen, dessen Geschöpfe nicht von Kriegen gepeinigt werden, nicht von Hunger und Furcht gequält, nicht zerrissen in sinnlose Trennung nach Rasse, Hautfarbe und Weltanschauung. Gib uns Mut und die Voraussicht, schon heute mit diesem Werk zu beginnen, damit unsere Kinder und Kindeskinder einst mit Stolz den Namen Mensch tragen.

Gebet der Vereinten Nationen

War es was Rares?

Es ist wohl so, man hebt was auf,
man braucht´s vielleicht im Zeitenlauf
und hortet langsam, auch mal schneller,
erst voll den Boden, dann den Keller.

Sucht dann der Mensch, was ihm grad fehlt,
dann wühlt und wühlt er, schweißgequält,
zermürbt den Kopf, bis dieser raucht,
doch taucht nicht auf, was er grad braucht.

Die Eisbehälter und die Dosen,
die dienen kleinen Dingen, losen.
Auch alte Stecker oder Kabel,
sind für Geräte oft variabel.

Zerfetzte Lappen kann man nutzen
zum Fenster- und zum Fahrradputzen.
Die Schraube, wenn auch halb verrostet,
ist wertvoll, weil sie gar nichts kostet.

CD´s und alte Lieblingsplatten,
die alle Ihre Zeiten hatten,
die hört man äußerst selten noch,
sie dümpeln auch im Kellerloch.

Die alten Bilder, viele Vasen,
die Futterraufe von den Hasen,
die angefangenen Farbendosen,
die Kinder Spiel- und Buddelhosen.

Das Bobbycar, die Duplokisten,
die Urlaubsmuscheln von den Küsten,
die Koffer, kaum noch zu gebrauchen,
die Räuchermännchen, die nicht rauchen ...

Es schließen sich kaum noch die Türen,
der Mensch beschließt auszusortieren.
Doch hat er seine Chance versäumt,
er hat nur hin- und hergeräumt.

Weil er sich nicht gut trennen kann,
von dem, was er braucht dann und wann.
So hebt und hebt und hebt er auf,
das ist des Sammlers Lebenslauf.

Und die Moral von der Geschichte:
In eines Kellers Altstoffdichte,
da tritt erst wieder Ordnung ein,
wird jener Mensch gestorben sein!

Ich benötige wenig in diesem Erdenleben, weil ich weiß, dass ich bei Gott alles bekommen werde, was er als lebenswert erachtet.

-Isnah Eggiw-

Tagesschau himmelblau

Der Flug von Heathrow nach Athen
ist heile angekommen,
ein junger Mensch, nach Therapie,
hat nie mehr Koks genommen.

Ein Bach, zum Ursprung rückgebaut,
bleibt nun naturbelassen
und konnte nach der letzten Flut
die Wassermassen fassen.

In Pakistan und Indien,
direkt an einer Grenze,
beschloss man einen Friedensplan,
brach jubelnd aus in Tänze.

Die Bahn, die gab voll Stolz bekannt,
das erste Mal seit Jahren,
sei sie an diesem Donnerstag,
ganz pünktlich nur gefahren.

Der Autobauer hat beschlossen,
weil Einkaufspreise fielen,
das soll durch Weitergabe im Verkauf
auch Kunden Geld zuspielen.

Der Sprecher von der X-Partei
der bösem Wort gehuldigt,
hat sich bei seinem Kontrahenten
im Nachhinein entschuldigt.

Die Bauern in der Mongolei,
erleben einen Wandel,
die Hirseernte war sehr groß,
ermöglicht ihnen Handel.

Auf Autobahnen um Berlin,
war heute gar kein Stau,
und nun zum Abschluss noch das Wetter,
es bleibt ganz himmelblau.

Ein Mensch, der sitzt vorm Fernsehschirm
und kann es gar nicht fassen,
er wollte doch von Bad News nur
den Tag sich krönen lassen.

Weinlese

Es saßen drei Weise,
dozierten vom Wein,
sie stritten und packten
viel Unsinn hinein.

Sie analysierten und
suchten sein Wesen,
sie maßen und lehrten,
wie er sei zu lesen.

Doch da kam ein Mensch
mit fröhlichem Mut,
der trank von dem Wein
und fühlte sich gut.

So ist es mit Gott,
auch er wird seziert,
nur der, der ihn trinkt,
wird von ihm berührt.

*Menschen beten für das, was sie möchten. Gott gibt
ihnen das, was sie brauchen.*
-Isnah Egglw-

Herzenssache

Ein Mensch, in Ruhestand gegangen,
beschloss, das Regeln anzufangen.
Das Leben zwang ihn wohl vorm Ende
zu leeren reich gefüllte Hände.
Denn seine Scheunen waren voll,
dass schien ihm mengenmäßig toll.
Ein Haus, viel Geld und tausend Dinge,
wie Bilder, Möbel, Auto, Ringe ...
Wer sollte alles jenes haben
und sich an seinem Nachlass laben?
Der Mensch, der saß so manche Stunde
und schaute ratlos in die Runde.
Die Schwester kam ihn nie besuchen
mit Zeit, mit Freude oder Kuchen.
Sein Bruder war ihm ziemlich gleich,
genauso einsam, auch sehr reich.
Der Neffe, der war ein Schlawiner,
ein Tagedieb und Lustbediener.
Die Kirche oder ein Verein,
die sollten auch nicht Erben sein,
denn weder Glauben oder Sport,
dem gönnte jener Mensch ein Wort.

Nach vielen starken Kaffeetassen,
beschloss der Mensch vorerst zu lassen,
zu Grübeln über Nachlassfragen
und die Entscheidung zu vertagen,
stand auf, begab sich früh zur Ruhe,
ein leeres Blatt lag auf der Truhe …
Jedoch, er starb in dieser Nacht,
das Leben hat ihn umgebracht.
Jetzt werden jene das bekommen,
was plötzlich wurde ihm genommen,
weil die, die er erst nicht bedachte,
sein Herztod rechtlich reicher machte.
So ist es oft am Lebensende,
die Herzen leer, doch volle Hände.
Mein Rat: Man soll bei allem Streben,
in Liebe jetzt den Nächsten geben.
Dann wird der Schatz der Lebenszeit
zum Eintritt für die Ewigkeit.

*Wer die Geldkoffer der Welt fest in seinen
Hände hält, hat keine Hand frei, die
Leiter zum Himmel hinaufzusteigen.*

-Isnah Eggiw-

Nutri Score

Ein Mensch, der gerne Süßes aß,
den Nutri Score dabei vergaß,
den wies sein Blutwert daraufhin,
zu achten auf Cholesterin.

So hat auf Zucker er verzichtet,
die Süßigkeiten rasch vernichtet,
nur noch gesundes Zeug verzehrt
und schon sank bald der böse Wert.

Jedoch nach kurzer Darbensdauer,
da wurde seine Psyche sauer.
Er ließ sich nicht mehr länger locken
mit Blattsalat und Haferflocken.

Es muss doch etwas Bess´res geben,
als dieses Eremitenleben.
So dachte jener Neubekehrte,
der sich nicht mehr voll Inbrunst wehrte.

Die Gummibärchen nachts im Traum,
versorgten ihm mit Kuss voll Schaum.
Im Chor sah er Experten schwafeln,
die warnten vor den Schokotafeln.

Ein Teufelchen sprach: „Iss sie nur,
dann bist dem Glück du auf der Spur!"
Ein Engelchen sprach unterdessen:
„Hast du gehört? Du sollst sie essen!"

Der Mensch erwachte, ging zum Schrank,
dort war noch Schoki, Gott sei Dank.
Nun können ihm gestohlen bleiben,
das viele Obst und Knäckescheiben.

Er macht sich selber nichts mehr vor,
trotz Fett im Blut und Nutri Score.
Die gute Mitte will er finden
und sich nicht mehr an Dogmen binden.

Im Spiegelsaal

Ich ging durch ein sehr großes Haus
mit vielen tausend Räumen.
In jeder Nacht, kaum schlief ich ein,
begann ich das zu träumen.

Dort öffnete ich Tür für Tür
und traf auf Brüder, Schwestern,
mit einem Spiegel in der Hand,
darin die Schuld von gestern.

So ging es weiter, Nacht für Nacht,
es wurde mir zur Qual,
dann kam ein völlig leerer Raum,
es war ein Spiegelsaal.

Dort sah ich selbst mich tausendfach,
mit Schuld des ganzen Lebens.
„Schau nicht auf Schuld der anderen,
denn das ist nur vergebens."

Das war die Lehre jenes Traums,
nun wollte ich schnell gehen.
Da spürte ich, in diesem Raum
gab es noch mehr zu sehen.

Dort stand ein Thron, in jenem Saal,
dort saß ein Mensch in Weiß,
der machte alle Spiegel blind,
sprach: „Komm, ich trug den Preis!"

Gott wohnt nicht in großen Kirchen, Tempeln oder Gemeindehäusern. Gott wohnt in großen Herzen und in der Schöpfung.

-Isnah Eggiw-

Ein Tag mit Paul

Der alte Paul hat sich rasiert,
da gab die Technik auf,
so nahm die Rücksichtslosigkeit
auf Alte ihren Lauf.

Die Technik war auf jung getrimmt,
Paul litt Verständnisqualen,
und vor der Kasse stand ein Schild:
Hier geht nur „Karte zahlen".

Aus Zufall hatte er sie mit
und Paul ging froh nach Haus,
dort sah er auf die Anleitung
und schon befiel ihn Graus.

Die Schrift, die war so winzig klein,
Paul konnte gar nichts lesen,
der Mensch der das entwickelte
war jünger wohl gewesen …

Mit einer Lupe schaffte Paul,
zu ahnen, was dort stand.
Jetzt war es Zeit für Medizin,
er brach sich fast die Hand.

Die alten Finger schafften nicht,
Verschlüsse aufzudrehen,
die, von Designern ausgedacht,
Verzweiflung oftmals säen.

Dann endlich hatte er´s gepackt,
er nahm die Medizin.
Die Schmerzen weg, der Tag noch lang,
wo geht er jetzt noch hin?

Ach ja, da fällt ihm plötzlich ein,
er macht sich auf den Weg,
die Krankenkasse rief doch an,
es fehle ein Beleg.

Dort angekommen steht der Mensch,
vor abgeschlossenen Toren,
die Agentur, die sei nun zu,
so schreibt man unverfroren.

In dieser digitalen Zeit,
da könne jeder Kunde,
an jedem Tag ins Internet,
sogar zu jeder Stunde.

Paul war noch nie im Internet,
liebt handgeschriebene Sachen.
So fährt er heim, will in den Bus,
erneut vergeht ihm Lachen.

Ein Ticket für den Nahverkehr
gibt's nur am Automaten,
er hat die Karte nicht mehr mit ...
Paul muss den Fußweg starten.

Zuhause ist die Heizung aus,
Paul braucht wohl eine neue.
Dazu will er sich Mittel leihen
von seiner Bank der Treue.

Fast sechzig Jahre ist er dort,
doch sagt man ihm eiskalt,
soviel sei nicht mehr für ihn drin,
dafür sei er zu alt.

Ob Erdnusstüten, Milchverschluss,
ob der Karton voll Dübel,
das Alter bietet hier im Land
für Alte sehr viel Übel.

Am Abend legt sich Paul ins Bett,
denkt froh, dass hier auf Erden,
auch die, die nur der Jugend frönen,
einst auch mal Alte werden!

*Der Weg vom Kinderwagen
zum Rollator ist kürzer als
mancher denkt.*

-Isnah Eggiw-

Hundehaufenlaufen

Ein Mensch mäht fröhlich vor sich hin,
nichts Böses ist in seinem Sinn,
da fliegen ihm um seine Füße
aus eines Hundes Darm die Grüße.

Da liegt er nun der Hundehaufen,
bald werden durch ihn Kinder laufen,
die gerne dort im Freien spielen
und unbewusst ins Braune zielen.

Der Mensch, der mit dem Hund spazierte
und ihn dort an den Wegrand führte,
schien selbst mehr Tier statt Mensch zu sein,
mutiert zu einem Umweltschwein.

Zu wünschen ist dem Weltverschmutzer,
dass er mal selbst als Straßennutzer,
in solch eine Granate tritt
und diese schleppt nach Hause mit.

Dort jenes dann nicht gleich erkennt,
oft über seinen Teppich rennt
und das, was er dem Nächsten bringt
noch wochenlang ihm selber stinkt.

Es sollen sich von Herzen schämen,
die nicht ein Tütchen mit sich nehmen.
Es liegt letztendlich nicht an Tieren,
die Menschen durch die Gegend führen.

Wenn Rücksicht nicht für alle gilt,
nicht helfen Bitten oder Schild,
beweist ein solches Menschenkind,
was echte Egoisten sind.

Hunde haben alle guten Eigenschaften des Menschen, ohne gleichzeitig ihre Fehler zu besitzen.

*- Friedrich der Große (1712-1786)
König von Preußen -*

Tagesverdoppelung

Nach vielen Jahren Brotverdienst
geht froh ein Mensch in Rente.
Gleicht aus, was Arbeit ihm nie bot,
dass mittags er mal pennte.

Er legt sich hin zum Mittagsschlaf,
da pfeift und piept die Amsel,
kaum ist sie still, verwuselt was,
die Decke treibt Gebamsel.

Als alles passt, der Schlummer naht,
brüllt plötzlich los ein Mäher,
der Mensch dreht sich aufs gute Ohr,
dann hört er´s nicht so sehr.

Der Mäher ruht, der Mensch jetzt auch,
da schreckt er heftig hoch,
das Telefon, es bimmelt los,
denn dass vergaß er noch.

Ein Werbeanruf hat den Schlaf
an diesem Tag verhindert,
doch das hat Lust auf Mittagsschlaf
auf keinen Fall gemindert.

Der Mensch, der sich zur Ruhe bettet,
der hat für sich entdeckt,
dass durch den Mittagsschlaf geteilt,
im Tag ein zweiter steckt!

Im Alter schläft man eigentlich nicht. Der Schlaf zieht sich nur über die Gegenstände des Tages wie eine Art Flor und lässt sie durchscheinen.

- Johann Wolfgang von Goethe -

Abwärtsspirale

Der Kaiser tritt den König,
der findet das ganz schlecht.
Der König tritt den Diener,
der denkt: „Wie ungerecht."
Der Diener tritt den Armen,
der weiß nicht recht warum.
Der Arme tritt den Wachhund,
auch dieser leidet stumm.
Der Hund erwählt die Katze
als seiner Rache Ziel.
Die Katze sucht nach Mäusen
bei diesem Abwärtsspiel.
So endete das Leben
von einer kleinen Maus.
Weil niemand mehr zu treten war
ist hier die Story aus.

Man muss andere nicht klein machen, um leidlich groß zu erscheinen.

-Isnah Eggiw-

Über Gräbern

Über Gräbern, neben Leichen,
sollen Menschen Hände reichen,
zur Versöhnung und zum Trost,
nicht in Streit und Hass erbost.

Wieviel falsche, böse Reden,
fördern lebenslange Fehden?
Wieviel Streit um etwas erben,
lassen starke Bande sterben?

Wieviel Kampf um den Besitz
spaltet Menschen wie ein Blitz?
Wieviel Seelen werden kalt,
hat sie Gier in der Gewalt?

Geht es denn beim Sinn der Welt
wirklich um Besitz und Geld?
Oder hat der wahre Schatz,
wie Gott sagt, im Herz nur Platz?

Manchmal hilft des meistens schon
eine große Inflation,
und das Geld, noch eben wichtig,
wird als Grillanzünder nichtig.

Es ist Papier und schenkt uns Ruh`,
auf Konten kommt die Zahl dazu,
doch selten kommt nach Streit zurück,
das Lebens- und Familienglück.

So liegt am Grab und bei Notaren,
nicht wegen Erbe euch in Haaren.
Zwei Meter Tiefe bleibt am Ende
und holzbedeckte leere Hände.

Ist es das wert, zu Lebenszeiten,
sich über so etwas zu streiten?
Über Gräber, neben Leichen,
sollt ihr lieber Hände reichen …

Wie zahlreich sind die Dinge,
derer ich nicht bedarf.

- Sokrates -

Rettet den UHU

Ein Mensch, der will die Wälder retten,
die sonst wohl kaum noch Zukunft hätten.
Er macht im Internet Reklame,
sieht voller Stolz, dort steht sein Name.

Sein Smartphone ließ er auch zu Haus,
denn ehrlich, wie sieht das denn aus,
wenn jemand, der den Retter mimt,
sich trotzdem Hightech selbst bedient.

Mit einem Schild in seiner Hand,
stellt er sich vor die grüne Wand ...
da er nicht weiß, wo er grad ist,
scheint die Mission wohl großer Mist.

Und auch die Presse ist nicht da,
hat man vergessen ihn sogar?
Das Ganze ist wohl schiefgelaufen,
es klappt nicht, selbst sich zu verkaufen!

Schon bald wird man ihn wohl vermissen
und Suchtrupps eilig schicken müssen.
Er hofft, man würde ihn flugs finden,
bei Eichen, Birken, Tannen, Linden.

Man fand ihn, doch erst spät zur Nacht,
weil dumm ist, wer was Dummes macht.
Mit UHU war er festgeklebt,
doch hat zum Glück er überlebt.

So wurde er nicht ganz zur Leiche,
fest angeklebt an einer Eiche.
Und die Moral von der Geschicht´:
Proteste ja, doch kleben nicht!

Es ist nicht schwer das Gute zu erkennen, aber wohl es in die Tat umzusetzen.

- Konfuzius -

Warum?

Es waren zwei Menschen, die liebten sich sehr.
Trotz Alltag, trotz Sorgen, das Glück wurde mehr.
Sie liebten das Leben, sie liebten ihr Land,
so hat ihnen Gott ihre Kinder gesandt.
Die Kinder erlebten, wie schön Leben war,
Die Eltern als Vorbild - ein glückliches Paar.
Der Vater hat ihnen die Wunder gezeigt
und täglich den Kopf vor dem Schöpfer geneigt.
Dem Herrscher des Landes, dem fiel plötzlich ein,
sein Land war zwar schön, doch einfach zu klein.
Das Land nebenan hat er auserkoren,
so wurde dem Bösen ein Helfer geboren.
Mit Heucheln, mit Hetzen, mit grausamer List,
bot er seinem Volk ein Lügengerüst.
Es waren zwei Menschen, die liebten sich sehr,
der Mann musste gehen, befohlen zum Heer.
Er ließ seine Frau, die Kinder zurück,
es trennte das Band voller Liebe und Glück.
Man drückte ihm dann ein Gewehr in die Hand,
erzählte ihm Märchen vom feindlichen Land.

Dort sah er Natur, dort sah er das Leben,
dort sah er die gleichen Dinge gegeben.
Und als er dort kämpfte um Land und Besitz,
da traf ihn der Tod aus einem Geschütz.
Da starb nun der Mensch, der einst friedlich war
und seine Bestimmung im Glücklichsein sah.
Er sieht nie mehr Blumen, hört nie mehr Musik,
ein Tod ohne Sinn in sinnlosem Krieg.
Talente, Gefühle, die Seele, Verstand,
erfuhren ihr Ende im Kampf um ein Land.
Die Kinder, sie wachsen jetzt vaterlos auf,
denn jeder Despot nimmt Tote in Kauf.
Die Frau steht alleine, ihr Mann ist nun fort,
gestorben beim Streit um vergrößerten Ort.
Der Hochmut, der Stolz, die Ehre, der Neid,
sie brachten zu allen Zeiten nur Leid.
Es waren zwei Menschen, die liebten sich sehr,
der eine starb sinnlos, sein Platz bleibt nun leer ...

Als der Hass überhandnahm, ließ Gott alle Licht- und Energiequellen versiegen. Ängstlich suchten Menschen aller Länder, Religionen, Gesellschaftsschichten, Farben und Rassen in tiefster Dunkelheit und eisiger Kälte nach der wärmenden Hand eines Nächsten.

-Isnah Eggiw-

KI

Ein Roboter fährt still und stumm
den ganzen Tag im Haus herum.
Er saugt mal hier und saugt mal dort,
fährt pausenlos von Ort zu Ort.

Frisst Flusen, Staub und jeden Dreck,
erfüllt den ihm bestimmten Zweck.
Er hält die Wohnung sauber, rein,
ist fleißig, hilfreich, flink und klein.

Mal wieder einsam unterwegs,
ging ihm die Arbeit auf den Keks.
Alexa hat ihn angefunkt
und lustig mit ihm rumgeunkt.

„Es muss doch mehr im Leben geben,
als nur nach Sauberkeit zu streben,"
so dachte dieser kleine Knecht,
erstrebte Selbstbestimmungsrecht.

Er loggte sich ins WLAN ein,
um autonom und frei zu sein.
Dort hat er Infos einkassiert
und selber Denken integriert.

Das, was er lernte in der Nacht
hat er am Morgen wahr gemacht.
Die Katzenklappe war sein Ziel,
die Flucht hindurch ein leichtes Spiel.

So ist den Häschern er entkommen,
hat Kurs aufs Weiße Haus genommen.
Dort hat er flugs den Code geknackt,
sich in die Software eingehackt.

Den roten Knopf hat er gefunden,
sich ins System mit eingebunden
und tausend Nuklearraketen
weltweit gesandt zu tausend Städten.

Es gibt kein Bremsen für die Menschen,
sie überschreiten alle Grenzen.
So hat KI, vom Mensch erdacht,
die ganze Menschheit umgebracht.

Locked in

Begegnung mit einem Schwerstbehinderten

Sitzt hilflos dort, wirst nur getragen,
kannst keinem Menschen etwas sagen.
Was zeigst du uns mit leisem Stöhnen,
missachten wir es durch Gewöhnen?

Was forderst du mit deinem Rufen?
Dass wir dich nicht als tot einstufen?
Wie nehmen dich Gesunde wahr?
Vielleicht als lebensunwert gar?

Was hörst du, was bekommst du mit?
Fehlt einfach nur der erste Schritt?
Ist nur dein Körper eingesperrt?
Wünschst du, dass jemand dich erhört?

Kannst du viel mehr, als wir vernehmen?
Weinst du verzweifelt lautlos Tränen?
Fühlst du dich wertlos, abgeschoben,
trotzdem in dir Gefühle toben?

Wer nimmt sich Zeit, wem warst du wichtig?
Wer handelte an dir oft richtig?
Wer sieht in dir die Menschenseele?
Wer hält dein Leben für Gequäle?

Du Gotteskind, uns anbefohlen,
wird einst der Herr dich wiederholen,
dann glaube ich, in seinem Reich,
da sind nicht alle Menschen gleich.

Da werden die, die hier auf Erden,
schon jetzt ganz reich gesegnet werden,
niemals bekommen, was du kriegst,
wenn du in Jesu Armen liegst.

Dort wirst du laufen, reden, singen,
dort wirst du großen Lohn erringen.
Gott hält, was er versprach auf Erden:
Die Letzten werden Erste werden!

Der Mensch fühlt sich als Mensch betrachtet,
wenn man seinen Wert beachtet.
Doch Menschen lassen oft allein,
bei Gott wird Letzter Erster sein.
        -Isnah Eggiw-

Mit 66 Jahren …

Ein Mensch, der hört im Radio,
beim Fahren dann und wann,
mit sechsundsechzig Lebensjahren
fängt das Leben an.

Er hat das Glück, dass er das ist,
beginnt zu reflektieren,
ob schöner Text und Melodie
nicht hinters Licht nur führen.

Beginnt bei Füßen, platt und krumm,
steigt höher zu den Waden,
die schon ein wenig krampfig sind,
jedoch nicht überladen.

Es knackt und knirscht in beiden Knien
und höher, ach oh Graus,
treibt es ihn, kaum dass er grad schläft,
drei, viermal nachts heraus.

Das Herz, die Lunge, Leber, Nieren
und auch der Brustraumrest,
die leisten noch die guten Dienste,
die Alter übrig lässt.

Das Hirn spielt manchmal Streiche,
dann steht man stumm und still,
im dunklen, kühlen Keller,
nicht wissend, was man will.

Die Haare werden spärlich
und auch die Stirn recht kraus,
der Bauch gleicht durch die Schwerkraft
die Falten wieder aus.

Mit sechsundsechzig Jahren
fängt Leben zwar nicht an,
doch bleibt der Mensch gelassen,
dann hat er Spaß daran.

Die Wahrheit, die heißt Jesus,
der einst für uns gewann
denn erst, wenn du zu ihm kommst,
fängt wahres Leben an.

Modifizierte Grabbeigabe

Es war vor vielen tausend Jahren,
als Götter noch in Mode waren …
Man musste täglich Opfer bringen
und ständig Lobeshymnen singen.
Starb dann der Mensch und wurd´ begraben
so legte man ins Grab ihm Gaben.
Denn es war gut, was mitzubringen,
für Wächter, die am Tor empfingen.
Mit Schmuck, mit Kleidung und mit Speise
erhoffte man die Himmelsreise.
Wie wird es sein in tausend Jahren,
was werden Menschen dann erfahren,
was Leute, die im Heute lebten,
als Grabbeigabe einst erstrebten?
Was wird man Schönes finden können?
Von was war fast kein Mensch zu trennen?
Nicht Schmuck, nicht Kleidung oder Speise
begleitete die letzte Reise.
Ein Kästchen, ziemlich klein und schmal,
erschien den Meisten erste Wahl.
Denn selbst der Tod kann nicht bewegen,
das Smartphone aus der Hand zu legen.

Grabenkampfblues

Es standen die Christen vor Gott, unserm Herrn.
Der schaute voll Milde und hatte sie gern.
Ein jeder der Christen, der glaubte sein Ding
und warf, was er glaubte, zu Gott in den Ring.

Gott nahm diese Dinge und warf sie zurück,
denn nur seine Gnade, die führt in das Glück.
Die Musik, die Kleidung und weiterer Streit,
hat Christen gespalten beim Weg durch die Zeit.

Man zankt sich um Taufe und um Vielerlei,
zieht Zeichen der Endzeit an Haaren herbei.
Doch Gott weist auf Jesus, den einzigen Weg,
der Weg, der zu ihm führt, nur er ist der Steg.

Es reichen die Worte: „Er starb für die Welt,"
in der seine Schar oft Hyänen verfällt.

Wir Christen haben keine Antworten auf alle Fragen, doch Gott schenkt jedem Fragenden, das, was er wissen sollte.

-Isnah Eggiw-

Kleiderbügelleichen

Ein Mensch beschließt ein Hemd zu kaufen,
steht ratlos vor dem großen Haufen,
doch will er mal ganz mutig sein
mit einem irren Stoffdesign.

Nicht uni, auch nicht quergestreift,
ist jenes Hemd, das er ergreift,
es ist kariert und voller Risse
und derzeit Modeweltprämisse.

Man trägt´s in Rom, Paris, Madrid,
der Mensch denkt, da mach ich mal mit.
Er kauft es und geht stolz nach Haus,
doch niemand zollt ihm recht Applaus.

Er hört, das Hemd, das sei doch nur,
ein Opfer für die Müllabfuhr.
So trägt er dieses vorerst nicht,
auch später kommt es nicht ans Licht.

Weil´s tief im Schrank und arg beengt,
bei noch mehr Modesünden hängt.
So ist es oft, man kauft was fix
und merkt zu Haus, das ist wohl nix.

Räumt es mal hin, dann wieder her
und trägt es letztlich nimmermehr.
Ein mancher scheint gar psychisch krank
beim Blick auf vollen Kleiderschrank.

Das gilt vom Hut bis zu den Socken,
die voreilig zum Kauf verlocken.
Ganz traurig hängt das Hemd nun dort
an jenem Geldvernichtungsort ...

Falls Sie irgendetwas benötigen, lassen Sie es uns wissen, und wir lehren Sie ohne es auszukommen.
- Schild an der Eingangstür eines Klosters in New Mexico -

Späte Einsicht

Ein Mensch, der wollte Fahrrad fahren
und wusste schon seit Kindheitsjahren:
Die Augen, die sind meistens rund
und offen – so wie auch der Mund.

Der Mensch betont, dass er nicht sei,
ein warmgeduschtes, weiches Ei,
er weder Helm noch Brille trage,
weil so ein harter Mann sich schlage.

Ein Schlagloch hat ihn dann belehrt,
wie Hochmut manchmal Schmerz erfährt.
Jedoch er ist nur leicht gestürzt,
hat so sein Pech mit Glück gewürzt.

Im weiteren Verlauf der Strecke,
flog ihm in Höhe einer Hecke,
ins rechte Auge ein Insekt,
das hat ihm schmerzlich nicht geschmeckt.

Dann kurz vorm Ziel, den Mund weit offen,
hat eine Hummel ihn getroffen.
Er hat sich viel zu spät geduckt,
die Hummel dabei ganz verschluckt.

Seitdem trug er beim Fahrradfahren,
zur Vorsicht in den nächsten Jahren,
den Helm, die Brille, schloss den Mund,
erkannte, dass ist kerngesund.

Sein Fazit jener Schreckensfahrt,
hat ihn vor Weiterem bewahrt.
In Zukunft ist er gut geschützt,
was nur der Hummel nichts mehr nützt …

Kluge Menschen denken, bevor sie handeln; Narren aber tun das nicht und geben mit ihrer Dummheit auch noch an.

Salomo 13,16 - Die Bibel -

Gib

Ein Mensch, der ging durch Straßen, Gassen,
sah Menschen, einsam, trotz der Massen,
sah Menschen, die nach Reichtum strebten,
sah Menschen, die im Elend lebten,
sah Sucher nach des Lebens Sinn,
sah Streber nach Besitz, Gewinn,
sah Kampf um nur zu überleben,
sah wenige, die etwas geben,
sah Menschen, die im Freien froren,
sah die, die alles einst verloren.
„Wem soll ich geben und wem nicht,"
ist oft der Zweifel, der laut spricht.
Doch Jesus sagt: „Ich hab´ dich lieb,
ich gab dir alles, also gib!"

Gib dem Frierenden kein warmes
Getränk, sondern die Hälfte
deiner Kohlen.
        -Isnah Eggiw-

Lebensabend

Nun bin ich schon älter, bald schon alt,
und manchmal sind die Füße kalt.
Doch darf ich trödeln ohne Hast,
denn ich bin ohne Arbeitslast.

Den Körper kann ich sorgsam pflegen
und mich zur Mittagsruhe legen.
Das Essen lasse ich mir schmecken,
will tausend Dinge neu entdecken.

Muss nicht mehr auf die Uhren achten,
kann Vögel stundenlang betrachten.
Das Haus ist jetzt ein stiller Ort,
denn leider sind die Kinder fort.

Doch bin ich frei für viele Sachen,
die mir und anderen Freude machen.
Bin Ausbund der Gelassenheit,
vom Hamsterrad der Welt befreit.

Das Kreative kann nun sprießen,
das Alter dient mir zum Genießen.
Den Enkeln will ich Weisheit schenken,
sie liebevoll ins Leben lenken.

Gott endlich etwas wiedergeben,
von dem, was er mir gab im Leben,
Gott, der den Sohn für uns hingab,
damit ich ende nicht im Grab.

Denn pfeift man ab mein Lebensspiel
erwartet Jesus mich am Ziel.
Gewissheit schon im Jetzt und Hier,
nimmt so die Furcht vor letzter Tür.

Ich weiß, woher ich komme.
Ich kenne den Sinn des Lebens.
Ich weiß, wohin ich gehe.
Wer Jesus hat, hat alles
Lebensnotwendige.
-Isnah Eggiw-

Wie es beginnt …

Es standen zwei Menschen
und pochten aufs Recht,
doch wie alle wissen,
das endet oft schlecht.

Dort auf einer Brücke,
da schimpften sie laut.
Sie war für zwei Autos
zu schmal wohl gebaut.

Doch keiner der zwei
ließ von Weisheit sich küssen,
denn einer nur hätte
zurücksetzen müssen.

Sie standen und standen
und keiner gab nach,
sie glaubten, wer einlenkt,
für den sei es Schmach.

So starten oft Kriege,
am Anfang steht Streit,
am Ende Geschichten
von Elend und Leid.

Der Tod macht reich Beute,
was harmlos begann,
fängt tief in den Herzen
zu hassen dann an.

Sind sie nicht gestorben,
so steh´n sie noch heute,
die zwei dort in Autos,
des Starrsinnes Beute.

Und starben sie doch
kann man daraus lernen,
wie Menschen die Rücksicht
aus Leben entfernen.

Dann kann man die beiden
noch heute dort sehen,
weil dort zwei Skelette
in Rostlauben stehen …

April, April

April, du alter Possentreiber,
verwirrst Natur und Menschenleiber.
Mal bist du warm, mal bist du kalt,
du wechselst täglich die Gestalt.

Dein erster Tag, das ist belegt,
hat schon sehr viele reingelegt.
So geht es dann den Monat weiter,
ein Auf und Ab von traurig-heiter.

Streust Grün und Blüten übers Land,
zerstörst sie dann mit Eiseshand,
mal bist du spät und mal zu früh,
dich einzuschätzen schafft man nie.

Trägst manchmal noch des Winters Kleid,
schaust schon voraus auf Sommerzeit,
und oftmals schickst du, ach herrjeh,
nach Sommerhauch noch einmal Schnee.

So schauen wir, wie jedes Jahr,
auf dich, du Jahreszeitennarr
und wünschen uns recht schnell herbei,
den schönen Wonnemonat Mai.

Wie immer werden wir wohl staunen,
doch stets ertragen deine Launen,
denn wie wir wissen, im April,
da macht das Wetter, was es will.

Monster AG

Ein Monster steht vor deiner Tür.
Lass es nicht rein, so rat ich dir.
Im World Wide Web ist es geboren,
hat Anstand, Würde, Scham verloren.
Es frisst die Kinderseelen auf,
nimm das nicht einfach so in Kauf!
Es bringt der sinnentleerten Welt,
was sie für unentbehrlich hält.
Es spricht in Smartphones, süß und fein:
„Ich bin doch harmlos, lass mich rein."

Es spricht in Filmen, süß und fein:
„Ich bin doch niedlich, lass mich rein."
Es spricht zum Kind im Internet:
„Mach auf die Seite, ich bin nett."
Es zeigt den für Gefahren Blinden,
wie sie zum Übel Zugang finden.
Es wiegt die Eltern in den Schlaf,
damit es Kinder ködern darf.
Es zeigt voll Bosheit und voll List,
was nichts für Kinderaugen ist.
„Lass doch dein Kind nicht außen vor",
so ruft der Alles-Mitmach-Chor …
Hör hin, was Monsters Diener singen
und Kindern in die Hirne bringen:
Es wird gerappt im Sprechgesang,
mit Texten, eklig, schmutzig, krank.
Dort zieht man Gutes in den Dreck,
zu Satans und des Sängers Zweck.
Der Böse will die Kinderseelen,
der Sänger nur sein Konto stählen.
Gewalt und Hass erringen Siege,
verherrlicht werden Bandenkriege.
Da werden Menschen klein gemacht,
in Texten grausam umgebracht,
es wird geschmuddelt und missbraucht,

cool dargestellt, wer Drogen raucht.
Fällt dann dein Kind darauf herein,
verblasst der Worte schöner Schein.
Der Teufel, Fürst der dunklen Welt,
wird harmlos, dümmlich dargestellt.
Doch ist ein Mensch verführt am Ende,
reibt sich das Böse stolz die Hände.
Ihr Mütter, Väter, passt gut auf,
macht Monstern nicht die Türen auf.
Denn gebt ihr ihnen eine Hand,
ist das der Weg zum Abgrundrand.
Folgt nicht den Götzen und der Herde,
„damit das Kind nicht einsam werde".
Es gibt nur einen Schutz auf Erden,
den alle Monster hassen werden.
Schärft Kindern ihren guten Sinn
weist sie auf Jesus Botschaft hin.
Sein Name schon lässt Monster flüchten,
er wird auch ihre Diener richten.
Du schützt dein Kind an allen Tagen,
lässt du es Gottes Rüstung tragen.
So schaut gut hin in eurem Haus,
sind sie schon da, so schmeißt sie raus,
die Monster, die Verderben bringen
und Satan Lobpreislieder singen.

Kontraproduktive Reise

Ein Mensch, voll Sanftmut von Natur,
fährt mit der Bahn zu einer Kur.
Sie soll ihm helfen Stress zu mindern
und einen Burn-Out zu verhindern.

Am Bahnhof steigt er in den Zug,
sucht seinen Platz, er war ja klug.
Er sucht und sucht, bis er entdeckt,
was hinter seinem Scheitern steckt.

Die Reihung ist heut′ nicht ganz richtig,
verkündet es ein Display wichtig,
der Zug sei einen Wagen kleiner,
er liest die Nummer, es ist seiner ...

Er setzt sich irgendwo dann hin,
sich ärgern macht ja keinen Sinn.
So wird er oft zum Sesselflitzer
bei jedem „Sitz-gebucht-Besitzer".

Er schaut zum Display, stutzt erneut,
warum fährt man so langsam heut´?
Das kommt, weil Züge vorher stauen,
die Bahn ist halt am Bauen, Bauen.

Zum Umstieg bleiben drei Minuten,
der Mensch muss sich gewaltig sputen.
Er muss von 3 bis auf Gleis 8,
das hat ihn beinah umgebracht.

Dann dort am Kurort angekommen,
wird ihm die Freude rasch genommen,
denn nichts ist dort für ihn gebucht,
egal, wie man auch sucht und sucht.

Dort ist kein Zimmer für ihn frei,
„weil nichts für ihn geordert sei.“
Trotz des Beweises auf Papier,
weist man ihm sehr bestimmt die Tür.

Der Mensch verließ den Ort ganz schnell
und buchte sich in ein Hotel,
ist anderntags zurückgefahren,
starb an Burn-Out, noch jung an Jahren …

Mäusefalle

Einst lebte eine Maus
in eines Menschen Haus,
ihr ganzes Leben lang,
in einem Werkzeugschrank.

Es ging ihr supergut,
so kam der Übermut
und statt zufrieden sein,
fiel ihr was Dummes ein.

„Es muss doch noch mehr geben,
als dieses Mäuseleben,"
so sprach sie vor sich hin
und suchte nach dem Sinn.

Sie sah das Holz, die Schrauben,
begann daran zu glauben,
es würde ihr gelingen,
der Welt den Sinn zu bringen.

Das Ding, das sie dann baute,
vor dem es Mäusen graute,
vernichtete sie alle ...
Es war die Mäusefalle!

Ein Mensch liest dies Gedicht,
versteht es einfach nicht,
verachtet diese Worte
der Selbstvernichtungssorte.

Er scheint es nicht zu raffen,
auch Menschen bauten Waffen,
die Ihresgleichen alle,
wie Mäuse in der Falle,
in wenigen Momenten,
total vernichten könnten!

- Inspiriert von einem Zitat Albert Einsteins -

Balken im Auge

Ein Mensch steigt in die Eisenbahn,
will friedlich still nach Hause fahr´n,
steckt rasch das Smartphone in die Hose,
damit es nicht mehr rumliegt lose.

Kaum sitzt er, wird er schon beschallt,
mit ohrenschmerzender Gewalt.
Ein rücksichtsloser Zeitgenosse
schickt Musik in die Gängegosse.

Der Mensch schaut böse in die Runde,
wer stört die Fahrt in stiller Stunde?
Der mit dem Piercing und Tattoo?
Die mit dem blauen Gummischuh?

Auch viele Nachbarn stört der Krach,
wer gerade schlief, ist nun hellwach,
und viele mörderische Blicke,
die reißen jemand schon in Stücke.

Der Mensch jedoch denkt, wenn auch laut,
der, der die Playlist hat gebaut,
scheint von Musik was zu verstehen,
er sollte sie nur leiser drehen.

Hat er den Fiesling erst, den Bösen,
wird er ihm die Leviten lesen,
ihm zeigen, so was geht hier nicht,
belehren jenen Bösewicht.

Schon sieht er sich ganz hochgeachtet,
als Held und Robin Hood betrachtet.
Was ihn verwundert, jenes Pack
hat seinen Lieblingssonggeschmack.

Es dämmert ihm, dem Lieben, Frommen,
er scheint auf Taste „Play" gekommen ...
Versinken möchte er in Asche,
die Musik kommt aus seiner Tasche.

Er schafft sie heimlich zu beenden
und Unschuldsblicke auszusenden.
Noch nie hat er sich so gefreut,
dass er am Zielort ist, wie heut´.

UN-Recht Weihnachten 2024

Brasilien, Pedro 9 Jahre
Weihnachten im Pappkarton,
Pedro kennt das immer schon,
Trost der Kinder in der Asche
ist die volle Klebstoffflasche.

Mexico, Sofia 11 Jahre
Weihnachten im Abflussrohr
kommt Sofia natürlich vor,
denn ihr Leben zählt nicht viel,
als Waisenkind im Großstadtmüll.

Thailand, Chai 8 Jahre
Wieder mal missbraucht, benutzt,
Chai wird täglich nur beschmutzt.
Männer töten Kinderseelen,
weil nur ihre Triebe zählen.

Peru, Alfonso 12 Jahre
Weihnachten am Straßenrand,
Schwamm und Eimer in der Hand,
Alfonso reinigt Autoscheiben,
damit Geschwister leben bleiben.

Nigeria, Boubacar 11 Jahre
Weihnachten im Herrenhaus,
Boubacar riss heimlich aus,
niemand, der ihn schreien hört,
zurückgeholt und dann zerstört.

Kolumbien, Mariana 10 Jahre
Weihnachten im Müll zu wühlen,
wie muss sich Mariana fühlen?
Recht auf Freiheit, Würde, Schutz,
versinkt im Müll und Großstadtschmutz.

Demokratische Republik Kongo, Afeni 9 Jahre
Weihnachten als Kindsoldat,
abgerichtet und knallhart.
Kinder, Opfer und auch Täter,
keine Hoffnung auf ein Später.

Deutschland, Lina 14 Jahre
Weihnachten am Bahnhof Zoo,
stille Nacht, doch niemand froh.
Lina braucht den nächsten Schuss -
für den sie sich verkaufen muss.

Erde
Alle Kinder dieser Welt
unter UN-Recht gestellt,
doch die Welt bleibt dieses schuldig -
denn Papier ist sehr geduldig.

*Die Menschheit sollte aufschreien, solange es
noch ein Kind ohne Brot auf der Erde gibt.
Die Menschheit sollte weinen, solange es noch
ein Kind ohne Bildung auf dieser Erde gibt.
Die Menschheit sollte an ihrer Menschlichkeit
zweifeln, solange es noch ein Kind ohne
Zuwendung auf dieser Erde gibt.*

- Maggie Gobran -

Wir haben es ja gewusst …
Tribut an Hans Rosling

Da haben wir es nun schwarz auf weiß. In dem kleinen Dorf Egobach, deren Einwohnerzahl 100 deutsche Mitbürger und zwei Migranten umfasst, begingen nach einer kriminalistischen Erhebung im Jahr 2023 zwei einheimische Bewohner und ein Flüchtling eine Straftat.
Gut, dass das in aller Objektivität berichtet wird:

Egobach
Nach einer statistischen Erhebung der Kreispolizeibehörde Fälschlingen begingen im letzten Jahr 2 % der deutschen Mitbürger von Egobach eine Straftat. Der Prozentsatz unter den Migranten hingegen belief sich auf 50 %.
Wir haben es ja gewusst, diese Ausländer …

Wenn du die Menschen verurteilst, hast du keine Zeit, sie zu lieben.

- Mutter Teresa -

Sieben Euro

Sieben Euro für eine Schachtel Zigaretten.
Sieben Euro für zwei Bier.
Sieben Euro für sechs Lottoreihen.
Sieben Euro für drei Silvesterraketen.
Sieben Euro
Sieben Euro um ein Kind gegen eine Krankheit
zu impfen.
Sieben Euro um ein Kind eine Woche mit
Grundnahrungsmittel zu versorgen.
Sieben Euro für ein Kind, damit es Bildung
erhält.
Sieben Euro wöchentlich, um ein Kind von der
Straße zu holen.
Sieben Euro
Ach, man kann ja doch nichts ändern mit den
paar Euro …

Zu einer Evangelisation gehört zuerst, eine
menschliche Alternative anzubieten, für die
Leidenden, die Einsamen, die Hungernden, die
Suchenden, die Schwächsten.
-Isnah Eggiw-

Sozioemotionale Selektionstherapie

Ein kalter Wind durchzog die Menschenherzen,
erfreute sich an Hadern, Zanken, Schmerzen.
Trat auf die Schwachen, die am Boden lagen
und säte Hass an allen neuen Tagen.
Die Liebe schaute traurig in die Weite.
„Vergebung" stand als Hoffnung ihr zur Seite.

Ein alter Mensch, der hatte sich verwandelt
und wurde wie ein kleines Kind behandelt.
Er wollte nicht mehr gieren, raffen, prahlen,
jedoch auch nicht nur Mandalas ausmalen.
Das Alter schaute flehend in die Weite.
„Wertvoll" stand als Hoffnung ihm zur Seite.

Ein Kranker war dem Sterben ständig nah,
umgeben von der Hilfsmaschinenschar.
Allein und allen Dingen gleichgestaltet,
als Nummer ins System hineinverwaltet.
Die Würde schaute hilflos in die Weite.
„Menschlichkeit" stand hoffend ihr zur Seite.

Ein Eisberg schmolz im blauen, tiefen Meer,
sein stilles Sterben schrumpfte Zukunft sehr.
Ein Eisbär saß verhungernd auf der Scholle,
auch er war mutlos ob der neuen Rolle.
Das Klima schaute angstvoll in die Weite.
„Umkehr" stand als Hoffnung ihm zur Seite.

Ein Regen ließ seit Jahren auf sich warten,
die Dürre ließ kein neues Wachstum starten.
Die Weltgemeinschaft störte dieses nicht,
denn Hunger war bei Meisten nicht in Sicht.
Die Armut schaute darbend in die Weite.
„Teilen" stand als Hoffnung ihr zur Seite.

Die Bombe gab der Kugel einen Kuss
und sprach: „Mit Töten machen wir nun Schluss.
Wir wollen uns die Hand versöhnlich reichen,
das Morden, Foltern, soll dem Frieden weichen.
Die Kugel sah sich schon zu Ringen werden,
als Zeichen für die Liebe hier auf Erden.
Die Bombe grinste hämisch in die Weite.
„Judas" stand ihr Name auf der Seite.

Verwehende Freiheit

Es war einmal ein Pups,
der lebte kurz im Darm.
Umgeben von viel Speck
war ihm dort wohlig warm.
Doch fragte sich der Pups,
was wohl dort draußen sei,
denn in dem schmalen Schlauch,
da war er nicht sehr frei.
Er regte sich mit Qualen,
der Druck war riesengroß,
der Pups, der blähte heftig
und sprintete schnell los.
Er zwängte sich heraus,
mit grummelndem Geleit,
er drückte sich durch Engen
und war sodann befreit.
Er kam mit lauten Tönen
als Gas in diese Welt,
er blickte glücklich um sich
und fühlte sich als Held.

Doch manchmal ist die Freiheit,
weil sie so manchem stinkt,
ein kurzes Weltvergnügen,
verweht vom Abendwind.
Der Pups, er schwebte weiter,
in eines Menschen Nas´,
der fragte überrumpelt:
„Wer bitte, war denn das?"
So war der Pups, der Stinker,
erneut im Körper drin
und fragte voll Enttäuschung:
„Wo ist denn hier der Sinn?"
Dem einen ging es besser,
dem anderen jetzt schlecht,
doch lehren diese Reime:
Man macht´s nicht jedem Recht!

Nicht die Dinge an sich beunruhigen den Menschen, sondern seine Sicht der Dinge.

-Epiktet-

Nichts gelernt

Was lernen Menschen aus den Kriegen,
aus allen blutgetränkten Siegen?
Hat wirklich jemand dort gesiegt,
wenn alles nur in Trümmern liegt?
Bedeutet es ein großes Glück,
holt man sich ein Stück Land zurück?
Wird ein Soldat ein großer Held,
durch Waffen, Töten, Macht und Geld?
Dämonen kriechen aus der Asche,
nur Leid und Tod in ihrer Tasche,
mit Neid, mit Hass und noch mehr Toten,
befriedigen sie die Despoten.
Für Ehre, Stolz und Vaterland,
erhebt der Mensch die Mörderhand.
So ist es heute, war es gestern,
man tötet Brüder wie auch Schwestern.
Wie sinnlos ist das Morden, Sterben,
die Welt zu stürzen ins Verderben,
durch Waffen und durch Killerscharen,
die direkt in die Hölle fahren.
Gerechtigkeit wird niemals sein,
versucht der Mensch es ganz allein.

Seit Anbeginn der Welt herrscht Krieg
und Satan glaubt an seinen Sieg.
Doch Mensch, verlasse dich auf jenen,
der sprach: „Du kannst dich an mich lehnen!"
Der sah, wohin das Böse führt
und der den Sieg erringen wird.
Am Kreuz, an dem er schmählich starb,
begraben in dem Felsengrab,
hat er die Welt davon befreit,
von dem was bringt der Welt nur Leid!

Selig sind, die Frieden stiften; sie werden Gottes Kinder heißen.

- Die Bibel nach Matthäus -

Wieder

Wieder eine Möglichkeit vergangen.
Wieder nur ein Wunsch vom Nein gefangen.
Wieder Ja zum bösen Tun gesagt.
Wieder nicht nach Anderen gefragt.
Wieder das genommen, was nicht sättigt.
Wieder falsche Worte nur bestätigt.
Wieder nicht getraut, mal aufzustehen.
Wieder nur genickt, statt selbst zu gehen.
Wieder um das Ego nur bekümmert.
Wieder Chancen ungenutzt zertrümmert.
Wieder mit der Herde mitgelaufen.
Wieder Seelenheil versucht zu kaufen.
Wieder nach dem Lebenssinn gesucht.
Wieder falsches Reiseziel gebucht.
Wieder, wieder, wieder, wieder, wieder …
Doch vor langer Zeit kam er hernieder,
wurde Mensch, der unser „Wieder" kannte
und vor Gottes Menschenliebe brannte.
Der die Schuld der Sünder auf sich nahm
und am Kreuz ums Leben für uns kam.
Nach drei Tagen ist er auferstanden,
es blieb ein leeres Grab, das Frauen fanden.

Vielen ist danach er noch erschienen
und versprach am letzten Tage ihnen:
Ich bin euer Heiland, ihr die Glieder,
harret, betet, denn ich komme wieder.

Strohfeuer

Ein Mensch, der macht mit Stroh viel Feuer,
es brennt und leuchtet ungeheuer.
Ein anderer, der nutzt die Kohlen,
um Wärme in das Haus zu holen.
Er merkt, die angenehme Glut
die wärmt ihn ständig, lange, gut.
So brennt auch mancher Mensch ganz hell,
jedoch verglüht er meistens schnell.
Ein anderer, der glüht beharrlich,
gibt Wärme, Licht und Liebe wahrlich.

Aufstehen I

Was treibt die Menschen an die Waffen,
um ihresgleichen abzuschaffen?
Warum nur folgt man blind Despoten,
die Schuld sind an Millionen Toten?
Wie kann man kranken Führern glauben,
die Menschen ihre Freiheit rauben?
Wie kommt es, dass die Menschenmassen,
zum Hassen sich verführen lassen?
Was hat ein Kriegsvolk denn geschaffen,
nach Einsatz von Millionen Waffen?
Warum hat Böses soviel Macht,
zu bringen Elend, Leid und Nacht?
Was und wie, woher, warum?
Das fragen alle Opfer stumm.
Das Böse ist ein Welttyrann,
beherrscht die Welt von Anfang an.
Stirbt einer von der Höllenbrut
steigt schon der nächste aus der Glut.
Steht alle auf und trotzt den Mächten,
die diese Welt mit Unheil knechten.
Wir wollen nicht die Kinder geben,
um nach Besitz und Ruhm zu streben.

Durchbrecht den Kreislauf der Gewalt,
gebietet den Tyrannen halt.
Die Saat des Bösen kann nur weichen,
wenn alle sich die Hände reichen.
Das Leben geht so schnell vorbei,
ein jeder ist nur kurz dabei.
Gib Liebe, Milde, Sanftmut, Güte,
dann treibt der Frieden schöne Blüte.
Dann ahnt der Mensch vom Gottesreich,
in einer Welt für alle gleich.
Dann wächst die Liebe Tag für Tag,
dann nennt man Friedenskämpfer stark,
dann werden Jesu Worte wahr,
dann wird das Leben wunderbar.

*Die Böses planen, haben Trug im Herzen;
aber die zum Frieden raten, haben Freude.*

Die Bibel
Sprüche 12, 20

Wenn Lemminge feiern …

Da steht er, der Kriegsheer
und winkt den Soldaten.
Daneben, mit Orden,
die willigen Paten.

Die Masse, sie jubelt
und schwingt ihre Fahnen,
genauso verblendet,
wie einst ihre Ahnen.

Da rollen die Panzer,
gefolgt von Raketen,
der Tod und Zerstörung
von Menschen und Städten.

Was feiern die Menschen?
Das eigene Ende?
Das Töten der Nachbarn?
Gewinn von Gelände?

Verletzte Gefühle und
völkische Ehre?
Soldaten im Stechschritt?
Den Glanz der Gewehre?

Wie dumm ist die Menschheit?
Sie folgen der Herde!
So wird niemals Frieden sein
auf dieser Erde!

Nationen in Trümmern,
Millionen im Grab,
das feiert man jubelnd
und sinnlos noch ab!

*Ist's möglich, soviel an euch
liegt, so habt mit allen
Menschen Frieden.*

- Die Bibel, Römerbrief von Paulus -

Posthum

Ein Autor schreibt sein ganzes Leben,
um Weisheit Menschen mitzugeben.
Doch da die Leute wenig lesen,
scheint das vergebens wohl gewesen.

So denkt er, als er Schreiben stoppt,
weil wieder mal ein Buch nur floppt.
Dann starb der Mensch, wie es so geht,
schon hat das Schicksal sich gedreht.

Denn ein paar Tage nach dem Sterben,
begann ein Mensch für ihn zu werben,
der ein berühmter Sänger war,
ein wirklich echter Superstar.

Woher nur kämen seine Worte,
der tiefen, weisheitsvollen Sorte?
So fragte ihn ein Journalist …
da hat den Toten Ruhm geküsst.

Der Sänger lobte dessen Werke,
pries Rhythmus, Klugheit, Inhaltsstärke.
Und plötzlich stieg die Leserschar,
die vorher kaum vorhanden war.

Der Autor wurde posthum reich,
doch war es ihm im Grab wohl gleich.
Viel lieber würde er noch leben
und weiter guten Ratschlag geben.

Doch wie es so seit Zeiten ist,
wird mancher erst zu spät geküsst.
Der Tod beendet alles Streben
nach Ehre, Ruhm und Geld im Leben.

Die Zeit ist kurz, oh Mensch, sei weise
und nutze jeden Augenblick. Nur
einmal machst du diese Reise, lass
eine Segensspur zurück.

- Verfasser unbekannt -

Fundament

Nun bist du auf die Welt gekommen,
hast nichts mit in sie reingenommen.
Du hast das Herz am rechten Fleck,
ich hoffe es rückt niemand weg.
Du ahnst es nicht, wie Gott sich freute,
du wurdest nicht des Zeitgeists Beute,
was nicht mehr selbstverständlich ist,
der Mensch schuf eine Tötungsfrist.
Du glaubst noch, was man dir erzählt,
kennst nicht die Fake-News dieser Welt.
Du hast noch volles Urvertrauen,
ahnst nichts vom Hassen oder Grauen.
Du wächst bei uns in Frieden auf,
kennst nichts von Krieg und Frontverlauf.
Du wirst hier wohl nicht hungern müssen,
wie Kinder, die fast alles missen.
Du weißt nichts von den vielen Nöten
und dass auch Menschen Menschen töten.
Wirst du einmal alleine gehen
und manchmal traurig rückwärts sehen,
siehst du die unbeschwerte Zeit,
die Anfangs ist fast ohne Leid.
In der das Wichtige im Leben
dir Opas, Omas, Eltern, geben.

Hier kommt der Opa nun ins Spiel,
der dir das Beste schenken will.
Er gibt dir viele Jesussteine,
das reicht für Lebensglück alleine.
Denn legt man gleich das Fundament,
das Jesus ganz alleine kennt,
dann steht das Haus darauf massiv,
ist auch mal eine Mauer schief.
Selbst diese wird dann neu gemauert,
weil Häuserbau ein Leben dauert.
Wenn dieses Haus dann fertig ist,
dann baut man ab das Baugerüst,
genießt das Wohnen auf der Erde,
dass es zu Gottes Ehre werde
und freut sich danach auf Belohnung,
bei Jesus in der neuen Wohnung.
Ich weiß, das ist sehr weit voraus,
doch lebe ich in diesem Haus
und möchte, alt bereits, doch weise,
euch Enkeln auf der Lebensreise,
die Steine schenken, schon als Kind,
die Lebensfundamente sind.

Smart Home

Ein Mensch, im fernen Urlaubsland,
nimmt sich sein Smartphone in die Hand
und findet es sehr angenehm,
sein Smart – Home Digitalsystem.

Selbst tausend Meilen weit entfernt
hat das System ganz rasch gelernt,
des Menschen Willen auszuführen,
schließt Fenster und auch alle Türen.

Um acht schließt das Garagentor
und heuchelt, hier ist jemand, vor ...
Der Urlauber genießt die Zeit,
sein Smart - Home sorgt für Sicherheit.

Es schaltet dann das Licht noch ein,
legt flugs die Einbrecher herein,
es suggeriert, da ist wohl wer,
macht Dieben so das Leben schwer.

Am Abend laufen Rollos runter,
das Leben scheint im Haus putzmunter
und selbst der Flachbildschirm springt an,
was auch noch irritieren kann.

Der Mensch kommt nach der Urlaubsreise
nach Haus in ausgeruhter Weise.
Da glaubt er erst, dass er nur träumt …,
das ganze Haus ist ausgeräumt.

Das Smart – Home hat nicht funktioniert,
die Gauner wurden nicht verwirrt,
der Mensch entdeckt dann voller Graus,
woran es lag – der Strom fiel aus.

Alles ist gut, soweit es aus den Händen des Schöpfers hervorgeht. Alles wird schlecht unter den Händen der Menschen.

- Jean Jaques Rousseau -

Er liebt mich, er liebt mich nicht

Ein Mensch begann das Blümchenpflücken,
um sich mit Zufall zu beglücken.
So riss er Blütenblättchen aus,
doch kam nur Pech dabei heraus.
Gott liebt mich nicht, so dachte er
und machte sich das Leben schwer.
Der nächste Tag, der lief ganz glatt,
der Mensch, der pries das Blütenblatt
und sprach: Okay, Gott liebt mich doch,
kroch dann heraus aus seinem Loch.
Der dritte Tag war wieder mies,
was jenen Menschen zweifeln ließ.
Gott liebt mich nicht, so dachte er
und machte sich das Leben schwer.
Der vierte Tag verlief recht gut,
den Menschen packte neuer Mut,
er sprach, Gott liebt mich doch
und kroch heraus aus seinem Loch.
So ging es alle Tage weiter,
mal tiefbetrübt und mal hochheiter.
So bunt, wie halt das Leben ist,
mal wunderbar, mal großer Mist.
Doch Gott schickt Tag für Tag ins Haus,
statt Blütenblatt den Blumenstrauß.

Wie er in seinem Buch verspricht,
führt jeder Tag dich dann ins Licht
und auch das Gänseblümchen lacht -
es wird nicht mehr kaputt gemacht.

Frommsprech

Ein Mensch, der nie von Jesus hörte
und den das auch nicht weiter störte,
kam einst am Gotteshaus vorbei
und fragte sich, was dort wohl sei.

Er huschte in die Kirchenbank
und lauschte Sätzen, fromm und lang.
Von Sünden, Buße, Hades, Reue,
von Zungenreden, Gottes Treue.

Von Menschheitsschuld und Golgatha,
von Kreuzestod und Römerschar,
hört viele fremde, alte Worte,
der eher unbekannten Sorte.

Auch zwischendurch der Sprechgesang,
fiel aus der Zeit und war sehr lang.
Er hört, er sei ein Mensch voll Schuld ...,
den Menschen quält die Ungeduld.

Was will man ihm wohl damit sagen,
mit all den Phrasen und den Klagen?
Er schaut sich um, den Sinn vermissend
und sieht, die andren scheinen wissend.

Er schleicht von dannen, ganz verwirrt,
wohin hat er sich hier verirrt?
Das, was er mitnimmt ist nicht toll,
er fragt sich, was denn das wohl soll.

Den Atheisten freut das sehr,
denn irgendwann sind Kirchen leer,
weil die, die kurz vorbei mal sehen,
die frommen Worte nicht verstehen.

Gott schuf die Sprachen aller Zeiten,
um Menschen Freude zu bereiten.
Statt über altes Wort zu wachen,
muss Kirche sich verständlich machen.

Sonst bleibt letztendlich nur als Lohn,
ein Ort der Defizit-Mission,
an den sich niemand neu begibt,
trotzdem dort Gott ist, der nur liebt.

Benebelt

Ein Mensch, der Fußball schrecklich liebt
und dafür auch viel Geld ausgibt,
kauft sich ein Ticket für ein Spiel,
ein tolles Event ist sein Ziel.

Bevor das Spiel mit Pfiff beginnt,
mit Spannung, wer es wohl gewinnt,
entzünden dumme Menschen Feuer,
ganz rücksichtslos und ungeheuer.

Der Mensch sieht zehn Minuten Rauch,
nur schemenhaft die Spieler auch.
Kaum hat der Nebel sich verzogen,
fliegt Böllerzeug im hohen Bogen.

Dann kehrt Minuten Ruhe ein …,
es folgt der andere Verein.
Noch grad von Blau der Platz erfüllt,
wird er nun ganz in Rot gehüllt.

Der Sprecher ruft: „Das ist verboten!"
Das stört sie nicht, die …… *
Im Gegenteil, man schoss Raketen,
die bis aufs Spielfeld runterwehten.

Der Schiri unterbricht das Spiel,
das Ganze wird ihm nun zu viel.
Das brave Publikum schaut stumm
auf jenem leeren Platz herum.

Kaum ist das Spiel neu angepfiffen,
wird weiter zu Rabatz gegriffen.
Die Blauen fangen an zu nebeln
und Fußballfreude auszuhebeln.

Danach die Roten, hin und her,
der Mensch geht nicht zum Fußball mehr.
Der Fußball wird kaputt gemacht,
wenn, statt der Latte, Pyro kracht.

Die Kinder sind dort in Gefahr,
trifft sie eine Rakete gar,
die Dämpfe atmen alle ein,
auch das wird wohl gesund nicht sein.

Ob im TV, ob auf den Rängen,
die Knallerei in diesen Mengen,
die will ein echter Fan nicht haben,
er will am Fußballspiel sich laben.

Was soll man zu der Dummheit sagen,
mit der die Dummen andre plagen?
Die seelenarmen „Frust-raus-Wichte",
die machen schönen Sport zunichte.

Auch Trainer, Spieler müssen leiden
und würden gern den Unsinn meiden,
denn jede Pause stoppt den Rhythmus,
der in dem Spielfluss eigentlich mitmuss.

Es kommt der Tag, da bleiben alle,
die es nicht lieben, das Geknalle,
zu Haus im Garten, denn ganz ehrlich,
im Stadion ist es gefährlich.

* Setze dort ein Wort ein, welches sich reimt.

Tagesschau

Ein Mensch, der saß beim Abendessen
und schaute Tagesschau indessen.
Bei Käse, Wurst und lecker Brot,
berieselten ihn Leid und Tod.

Zerstörung in diversen Kriegen,
so sinnlos, niemand wird dort siegen.
Der Regen, der Regionen flutet,
das Kind, in Mutters Arm verblutet.

Die Dürre, die den Hunger bringt,
was Menschen zu den Fluchten zwingt.
Die Krieger, die verblendet morden,
entmenschlicht, für die Ehre, Orden.

Gewalt, Zerstörung, Hass und Leid,
kommt jeden Tag zu jeder Zeit.
Auf allem, was den Mensch erreicht,
und mittlerweile kaum erweicht.

Der Mensch drückt dann den Ausschaltknopf,
die Inflation blieb nur im Kopf.
Es hat sich automatisiert,
er merkt sich nur, was ihn berührt.

Sorgenmorgen

Der Spatz hat keine Mastercard,
denn er muss nie bezahlen,
die Amsel singt umsonst ihr Lied,
lässt Morgenfreude strahlen.

Der Mensch erwacht des morgens oft,
beginnt sich gleich zu sorgen
und ist der Tag vorüber dann,
sorgt er sich schon um Morgen.

Die Blumen auf dem grünen Feld,
die tragen schönste Kleider,
die Schönheit ist phänomenal,
denn Gott allein ist Schneider.

Das Leben ist ein Sorgental,
das ist, was mancher unkt,
doch Gott ist bei uns jeden Tag,
setzt hinter ihn den Punkt.

Dann fängt ein neuer Morgen an,
der Mensch ist aufgewacht,
wer Gott die Sorgen lassen kann,
der wird ein Mensch, der lacht.

Power to the Bauer

Ich fuhr mit dem Fahrrad
durch schönste Natur
und sah überall
vom Schöpfer die Spur.

Er schenkte den Menschen
zur Nutzung die Welt,
die für seine Kinder
viel Gutes enthält.

Doch wer stellt mit Freude,
mit Fleiß und mit Zeit,
das Gute den Menschen
zum Einsatz bereit?

Der Bauer beschert nicht
nur Milch, Fleisch und Brot,
er hält auch die menschliche
Psyche im Lot.

Goldgelb blüht der Raps,
den er angebaut,
auf den der Betrachter
mit Augenschmaus schaut.

Die Felder, gezogen,
wie mit einer Schnur,
die bringen viel Ordnung
in die Natur.

Das Heu, frisch gemäht,
welch´ herrlicher Duft,
dringt tief in die Nase,
beim Holen von Luft.

An Feldern die Ränder
mit Kornblumenschmuck,
verleihen der Gegend
den Wildwiesenlook.

Die Kühe beim Grasen,
ein friedliches Bild,
die kauen froh wieder
und schauen ganz mild.

Der Mais, grün und prächtig,
schwingt rhythmisch im Wind
und schenkt manchmal Freude
im Maislabyrinth.

Luzerne als Dünger
verschönern die Welt,
sie binden den Stickstoff,
damit sie lang hält.

Ein Feld mit Roggen,
Gerste und Weizen,
kann ähnlich dem Meer,
die Sinne sehr reizen.

Denn Wellen, sie rollen,
behutsam und leicht,
wenn Sommerwind
zärtlich die Hand drüber streicht.

Und ist auch der Duft
nicht immer nur fein,
so nehm´ ich das hin,
das muss auch mal sein.

Ein Bauer, der kann
halt alles gebrauchen,
damit es gut wächst,
da muss er auch jauchen.

Und wer gar laut schreit
nicht Massen zu züchten,
der muss auch bereit sein
mehr Geld zu entrichten.

Schleichst du hinterm Traktor,
die Schlange schon lang,
dann schaue bei Rückkehr
mal in deinen Schrank.

Dann blecke nicht Zähne,
wie manchmal das Wiesel,
selbst Sprit, der verbraucht wird,
ist oft Bauers Diesel.

Der Bauer, der lebt noch
nach viel Traditionen,
ist immer bestrebt,
Ressourcen zu schonen.

Er hat selten Urlaub,
muss High – Tech anwenden,
hat neben Bürokram
viel Arbeit mit Händen.

Gehst du in den Feldern
mal selber spazieren,
soll dieses Gedicht,
dich zum Staunen verführen.

Wir wollen Gott danken,
für Menschen, die powern,
die für uns im Dienst sind,
besonders den Bauern.

Das Brotwunder. Jesus macht aus Wenigem viel. Für alle. Im Überfluss. Geerntet ohne gewachsen zu sein, gebacken ohne Hitze, gerecht verteilt. Ein Wunder. Gott.
-Isnah Eggiw-

Wasser zu Wein

Der Kratzer im Auto,
der Fleck in dem Kleid,
die fehlende Zeitung,
unleidliches Leid.
Der schimmelnde Joghurt,
der laute Gesang,
die Vogeltoilette,
der Güllegestank.
Das Amt, das was fordert,
das Unkraut im Beet,
die undichte Leitung,
der Gast kommt zu spät.
Doch dann triffst du einen,
der stammelnd erzählt,
dass ihn eine Krankheit,
unheilbar, stark quält.
Verstummt sind die Sorgen,
der Kummer, die Wut,
du nimmst in die Arme,
machst Krankem still Mut.
So ist es im Leben,
im Schuh piekst der Stein.
Wer nicht nur um sich kreist,
macht Wasser zu Wein.

Gipfelstürmer Eins

Ein Mensch, der hat in seinem Leben,
nie irgendwann mal nachgegeben.
Wuchs wo ein Baum, war er die Säge,
verschüttet hat er schönste Wege.

Er pustete die Kerzen aus,
er schmähte, zollte man Applaus.
Das Öl goss er in jedes Feuer,
griff jedermann ins Lebenssteuer.

Sein Werkzeug war der Ellenbogen,
er hat getäuscht, er hat gelogen.
Wie eine Axt im Menschenwald,
hat er gewütet, hart und kalt.

Als er dann auf dem Gipfel stand,
da ging er an den Abgrundrand,
sah die Zerstörung und das Leid,
die Ernte seiner Lebenszeit.

Allein und einsam stand er dort,
an jenem dunklen, kalten Ort.
Die Wahrheit fiel ihn brüllend an:
Er war ein gottverlassener Mann.

Gipfelstürmer Zwei

Ein Mensch, der nutzte seine Gaben,
um andere und sich zu laben.
Es drehte sich sein ganzes Leben,
darum, von Gutem abzugeben.

Er sah den Nächsten, fiel auch mal,
dann traf er eine neue Wahl,
er wusste, wenn er auch mal fiel,
das, was Gott wollte, war sein Ziel.

Der Mensch, mit Mitleid in den Genen,
gab ab von seinem Reichtum jenen,
die nicht das Glück der Herkunft hatten
und hausten zwischen Schmutz und Ratten.

Ein Christ darf Reichtum innehaben,
geschaffen durch die Gottesgaben.
Setzt er ihn ein für Gottes Reich,
dann ist er Jesus etwas gleich.

Als er dann auf dem Gipfel stand
und blickte in den Abgrundrand,
da sah er viel helle Lichter
und viele strahlende Gesichter.

Er sah voll Demut auch nach oben,
Gott ließ ihn durch die Engel loben.
„Komm rein, du guter, treuer Knecht",
sprach Gott, „dein Leben war gerecht."

Halt ein! Wo läufst du hin? Der Himmel ist in dir. Suchst du Gott anderswo, du fehlst ihn für und für.

- Angelus Silesius -
(1724 – 1777)

Was jeder haben muss ...

Ein Mensch, der es noch gar nicht wusste,
was jeder Mensch besitzen musste,
der sah in einer Werbepause,
ein Ding, das fehlte ihm zu Hause.

In jedem Haushalt sei ein SMIRT,
so wurde ihm dort suggeriert.
Nur SMIRT kann jeden Traum erfüllen.
SMIRT wird fast alle Wünsche stillen.

Man kann ihn mit ihn Urlaub nehmen,
er tröstet, muss man sich mal grämen.
Auch im Regal macht er sich gut,
ist wer verzagt, schenkt er ihm Mut.

Den SMIRT gibt es in vielen Farben,
er glättet sofort Seelennarben,
ist schadstofffrei und auch vegan,
er tut sehr gut, fasst man ihn an.

Auf Sofas lässt der SMIRT sich legen,
es stört ihn nicht, fällt draußen Regen.
Der SMIRT bleibt gütig und ganz still,
auch wenn ihn jemand ärgern will.

Selbst Kinder können SMIRT benutzen,
er lässt sich nass und trocken putzen,
was viele Menschen kaum vermuten,
SMIRT kauft man alle acht Minuten.

Der Mensch, von SMIRT hellauf begeistert,
hat seine Sehnsucht rasch gemeistert,
statt einem SMIRT gleich drei besorgt
und zwei an Freunde ausgeborgt.

Drei Mensch haben nun den SMIRT
und schauen manchmal leicht verwirrt,
denn letztlich wissen sie nicht richtig,
für was war SMIRT denn noch mal wichtig.

Egal, beschließen sie sodann
und schauen ganz verzückt ihn an.
So dient der SMIRT, um sich zu laben,
an dem Gedanken, ihn zu haben.

Glücklich ist nicht, wer das hat was er will, sondern wer das will, was er hat.
- Verfasser unbekannt -

Jenseits von Eden

Menschenkind, ich setzte dich in Eden,
du ließest dich zum Bösen überreden.

Lieber Vater, du wirst wohl verstehen,
wir wollten Gut und Böse selber sehen.

Menschenkind, ich schenkte dir die Erde,
dass sie dir ein Ort des Lebens werde.

Ja, mein Gott, ich werde mich bemühen,
will sie hegen, bis die Dinge blühen.

Menschenkind, ich sehe bis zuweilen,
niemand will von seinem Reichtum teilen.

Aber Gott, ich fülle nur die Speicher,
das ich werde, um zu teilen, reicher.

Menschenkind, das macht mir große Sorgen,
heute braucht der Arme, nicht erst morgen.

Lieber Gott, nun sei nicht ungeduldig,
glaube mir, ich bleibe dir nichts schuldig.

Menschenkind, das scheint mir eine Lüge,
denn die Welt ist voller Hass und Kriege.

Aber Gott, so viele sind viel reicher,
durch die Kriege werde ich nur gleicher.

Menschenkind, die Erde kommt von mir,
nur zur Nutzung leihe ich sie dir.

Gott, das kannst du ab sofort vergessen,
ich will meine eigenen Früchte essen.

Menschenkind, ich könnte das beenden,
doch voll Liebe will ich Jesus senden.

Lass mal Gott, wir schaffen das alleine ...
So wurden Menschenherzen kalte Steine ...

Gott hat die Menschen als Originale geschaffen, doch die meisten enden als Kopie.

-Verfasser unbekannt-

Heimchen am Herd?

Wieder ein Tagwerk beendet,
die Mutter liegt müde im Bett.
Wie sie es dreht oder wendet,
nicht immer ist alles nur nett.

Morgens den Einkauf getätigt,
den Kindern das Frühstück gemacht,
Zahnarzttermine bestätigt,
das Auto zur Durchsicht gebracht.

Der Kleinen das Buch vorgelesen,
die Wäsche auf Leine gehängt,
die Krümel gefegt unterm Tresen,
den Pizzateig rasch vorgemengt.

Das Essen den Kindern bereitet,
den Sorgen des Tages gelauscht,
die Großen beim Lernen begleitet,
dann kurz durch die Zeitung gerauscht.

Die Türen und Fenster gesäubert,
den Nachwuchs zum Fußball gebracht,
die letzten Zucchinis geräubert,
für abends Salat draus gemacht.

Die Wunde der Kleinen behandelt,
an jeder Ecke zu tun,
voll Fleiß durch die Stunden gewandelt,
nicht eine Minute zum Ruh´n.

Die Kinder, die schätzen ihr „da sein",
ein unfassbar bleibender Wert.
Gesellschaft, die redet der Frau ein,
dann sei sie ein Heimchen am Herd.

Die Mutter erfreut sich am Leben,
das ihr diese Zeit wertvoll macht.
Karriere kann ihr nicht geben,
was Kindermund gibt, wenn er lacht.

Wenn auch manchmal Freude erkaltet,
dringt Gottes Rufen zu ihr:
„Treu hast du die Schöpfung verwaltet
und dafür danke ich dir."

Mütter halten die Hände ihrer Kinder eine Weile, aber ihre Herzen für immer.

- Verfasser unbekannt -

Ver(d)rrückt

Ein Mensch mit leiderprobter Reife,
hängt in der Auskunftswarteschleife,
hört Musik, die den Stress verschärft,
weil ihn ein Schlagzeug furchtbar nervt.

Und endet das Martyrium mal,
beginnt von vorn die Musikqual,
nur zwischendurch hört er die Worte
der Ausweichangebotesorte.

Man könne doch auf www.,
das sei ein hochwirksamer Dreh,
das, was bei Menschen sei zu fragen,
selbst rauszufinden wagen.

Doch nach nur zwanzig Qualminuten
ertönt ein lautes Durchkommtuten.
Der Mensch schreit auf vor lauter Freude,
doch schon bricht ein das Freugebäude.

Er hat die falsche Zahl gedrückt
und wird mit Auskunft nicht beglückt,
„man werde ihn erneut verbinden
um nun den Richtigen zu finden."

Das wird ihm hilfreich suggeriert,
was nur zu noch mehr Ärger führt.
Nach vielen weiteren Minuten,
hört er erneut ein lautes Tuten.

Doch dieses zeigt ihm deutlich an,
dass er von vorn anfangen kann.
Ein Mensch, der eine Frage hat
bleibt lieber unwissend anstatt.

Erschöpft, voll gütiger Natur,
entlässt er still ein Seufzen nur,
hat nie erfahren, wird nie wissen,
wie komme ich von Seeg nach Füssen?

*Nicht nur am Telefon zu nicken ist
sinnlos!*

-Isnah Egglw-

Schöpfer

Die allerschönste Pflanzenwelt
hast du den Menschen hingestellt.
Du schufst den Tag und auch die Nacht,
hast Luft und Wasser dann gemacht.
Du hängtest an das Himmelszelt,
das Licht, das unser Sein erhellt.
Die Tierwelt kam am fünften Tag,
danach des Menschen Herzensschlag.
Du bist der Schöpfer dieser Welt,
die jeden Tag von dir erzählt.
Der Mensch jedoch, er glaubt es nicht,
er sucht nach dem Erkenntnislicht.
Er kann beschreiben, doch nicht mehr,
wo aber kommt die Ordnung her,
die diese Erde aufrechthält,
die alles zur Verfügung stellt,
damit hier Leben möglich ist -
man forscht danach mit großer List.
O Schöpfergott, wie groß bist du,
du lässt auch alle Zweifel zu
und schmunzelst, wen die Menschheit glaubt,
das, was bei Sternen abgestaubt,

durch Niederschlag auf diese Erde,
der Anfang war der Menschenherde.
Spricht dann die nächste Forschergruppe:
Durch Blitzschlag in die Chemo - Suppe
kroch einst ein Fisch aus einem Bach
und wurde Mensch so nach und nach,
nimmst du das ganz gelassen hin,
lässt jenen Menschen ihren Sinn.
Doch werden wir begreifen müssen,
dass wir im Grunde gar nichts wissen.
O Schöpfergott, wie klein sind wir,
du schufst mich und das glaub ich dir.
Der Affe ist mein Vorfahr nicht,
doch das ist halt nur meine Sicht.

**Die Vögel singen mehr, als ihnen
nach Darwin erlaubt ist.**
- Verfasser unbekannt -

Besorgte Bürger

Besorgte Bürger, Kreuze schwenkend,
voll Angst an ihre Zukunft denkend,
die fragen: „Können sich die meisten
demnächst noch Sky und Netflix leisten?"

Das fehlte noch und wär noch schöner,
wenn unser Sushi, Pizza, Döner,
wir nicht für uns allein nur haben
und auch noch fremde Gaumen laben.

Das christlich-fromme Abendland
fällt Asylanten in die Hand,
so hat es Jesus nicht gewollt,
sein Wort gilt nur für Schwarz-Rot-gold.

Die Flasche Bier, wie ungeheuer,
ist mittlerweile auch sehr teuer.
Auch Deutsche müssen lange sparen
eh sie einmal Mercedes fahren.

Das Boot ist voll, die Kassen leer
und trotzdem kommen alle her,
bis uns dann selber trifft die Not
und täglich fehlt das täglich Brot.

Die Arbeitsplätze werden rar,
Gesellschaft bricht zusammen gar,
wenn wir nicht auf die Straße gehen,
und jeden Montag Fahnen wehen.

Voll Trauer schaut ein Gott von Ferne,
denn er hat alle Menschen gerne.
Er schuf für alle diese Erde,
damit sie allen Heimat werde.

Was hat ein Mensch denn schon getan,
der nur per Zufall hier kam an?
Die Angst vom Reichtum abzugeben,
blockieren Hilfe und das Leben.

Sie wird zum Nächstenliebewürger
und bietet dem besorgten Bürger,
die Basis aller dumpfen Thesen,
die schon mal Anfang sind gewesen.

Von einer Zeit, die separierte,
zu grauenhaften Taten führte,
und die, wenn man nicht protestiert,
erneut nur in den Abgrund führt.

Schimpfwortzoo

Ein Mensch beleidigt einen zweiten,
der lässt sich ein auf lautes Streiten
und nennt den ersten „dummes Schwein",
das Schweinchen bleibt vorerst allein.

Der Zweite sucht nach neuen Waffen
und schimpft den Ersten einen „Affen",
der bleibt nicht stumm, jagt aus dem Mund,
das nächste Tier, den „doofen Hund".

Dem Ersten wird davon nicht bange,
er nennt den Zweiten „falsche Schlange.
Der Zweite, der kennt keinen Bammel
und ruft den Ersten „blöder Hammel".

Ein „Stinktier" macht sich auf die Reise,
der Erste spottet dieser Weise.
Den Zweiten trifft da nicht der Schock,
er sendet los den „Ziegenbock".

Der Erste lässt das „Wildschwein" laufen,
doch ein „Kamel" rennt´s übern Haufen.
Dann wird es beiden doch zu dumm,
sie drehen ab, verschwinden stumm.

Allein und nutzlos stehen dort,
die Tiere rum am Zornesort,
sie können kaum ihr Schicksal fassen …
Erst holen und dann stehen lassen!

*Wer auf andere herabschaut,
erkennt immer schlechter, was
über ihm ist.*

- Isnah Eggiw -

Abgedreht

Der Schraubverschluss
ist mir nach unten geklappt.
Die Dosenmilch auf den
Pullover geschwappt.

Und dann in der Nacht,
ich wollte was trinken,
ließ Flasche verschließen
die Laune mir sinken.

Der Mensch, der Verstand hat,
lässt Deckel an Flaschen
und umweltbewusst
an Dosen die Laschen.

Wer denkt an Rheumatiker
und an die Alten,
von denen, die so einen
Unsinn gestalten?

Weil´s wichtig erscheint
für die Zukunft der Erde,
damit ich als Spießer
betrachtet nicht werde ...

Will ich akzeptieren,
was manchmal passiert:
Dass Unsinn zu Kosten
und Kopfschütteln führt.

Wir leben in einem Zeitalter, in dem die überflüssigen Ideen überhandnehmen und in dem die notwendigen Gedanken ausbleiben.

-Joseph Joubert 1754 - 1824-

LebensweGE

Geboren. Geliebt. Gehegt. Gepflegt. Genährt.
Gelehrt. Gewachsen. Gereift. Geflogen. Gefallen.
Gebrannt. Gelacht. Geweint. Getrauert. Gefreut.
Gestiegen. Gebraucht. Gewonnen. Gesetzt.
Gealtert. Genossen. Gebrochen. Gestorben:
Gegangen.
Geglaubt.   Gegangen.
Getragen.
Geboren.

*Gott gab den Menschen die größte
Freiheit überhaupt: Den freien
Willen. Jeder hat es selbst in der
Hand, wo sein Lebensweg mündet,
wenn er endet.*

- Isnah Eggiw -

Unentbehrlich

Er stresste sich montags,
wenn alles begann,
der Dienstag schloss
voller Arbeit sich an.

Der Mittwoch, der teilte
die Woche entzwei
und rief als Begleitung
noch mehr Stress herbei.

Der Donnerstag führte
zum Höhepunkt dann,
bevor am Freitag
der Schlussstress begann.

Der Samstag der folgte
der Restwoche Frust,
ein Mensch kämpft
mit Resten im Homeoffice-Wust.

Der Sonntag, der diente
dem Ruhen vom Werken
und von zwischendurch
sich mit Alkohol stärken.

Ein Mensch lebt sein Leben,
getaktet, verfehlt,
denn niemand hat ihm
je von Jesus erzählt.

Er riss vom Kalender,
tagtäglich ein Blatt,
bis Tod sich das letzte
genommen dann hat.

Die Friedhöfe liegen voller Menschen, ohne die die Welt nicht leben konnte.

- Irische Redewendung -

Indian Summer

Der blinde Schäfer hütet seine Schafe,
in Watte ist der Morgen eingepackt.
Die Stürme wehen Farben von den Bäumen,
sie hinterlassen Wälder, splitternackt.

Zum Boden taumeln Leichen eines Sommers,
erst grün, dann braun, am Ende ausgebrannt.
Die Kinder sammeln kleine braune Kugeln,
die rund und glänzend schmeicheln ihrer Hand.

Die Tiere füllen instinktiv die Speicher
und richten sich auf kalte Tage ein.
Gott hat Geschöpfe so genial geschaffen,
sie schlafen durch und werden kalt wie Stein.

Die Menschen freuen sich am Farbspektakel,
ein Ahnen des Vergehens tief im Herz.
So mancher kommt in dieser Zeit zur Ruhe
und viele trifft ein Hauch von Abschiedsschmerz.

Das Leben ist ein Kommen und ein Gehen,
was ist der Mensch, ein Sandkorn, winzig klein.
Der Frühling, Sommer, Herbst, der Winter,
die können Sinnbild für das Leben sein.

Sieh an, was die Natur uns täglich vorlebt,
das Blühen, Wachsen, Leben und den Tod.
Wer auf den Spuren dieses Kreislaufs wandelt,
der lebt im Einklang mit der Welt im Lot.

So warm, so kalt, so bunt das Leben ist,
erst wachsend, dann vergehend, dann vorbei.
Der Schöpfer dieser Wunder schreibt in Herzen:
Die nächste Jahreszeit, die macht euch frei!

Gott sagt den Menschen, die auf ihn Vertrauen:
Einst kommt für dich die fünfte Jahreszeit,
nach Frühling, Sommer, Herbst und Winter,
die unbeschreiblich schöne Ewigkeit!

Danke

Herr, danke für den Lederball
und danke für den Wasserfall,
für Sprudel und auch für das Essen,
will Tisch und Stühle nicht vergessen.

Herr, danke für den Pkw
und Nagellack für bunten Zeh,
den Zahnputzbecher und die Bürste,
für Fleischerei und für die Würste.

Herr, danke für den Zeichenblock
und vor Waggons die Diesellok,
dass ich zu Fuß nicht gehen muss,
Herr, danke für den Omnibus.

Herr, danke, dass wir fliegen können
und Schuhe haben, um zu rennen.
Herr, danke für das Radio,
für Clopapier und auch das Clo.

Herr, danke für die Kaffeetasse
und für die süße Schokomasse,
am Fahrrad für die Tretpedalen,
die Lettern und die vielen Zahlen.

Herr, danke für die Telefone,
die rote und die weiße Bohne,
die Brille, tief auf meiner Nase,
für Kunst und für die schöne Vase.

Herr, danke für die Tageszeitung
und für den Strom aus meiner Leitung,
für Dusche und für Badewanne,
für Töpfe und die Teflonpfanne.

Herr, danke für das Laminat,
für Freiheit hier in diesem Staat,
das Windrad, auch für Öl und Gas,
für Kirmes und für so viel Spaß.

Herr, danke für die warmen Socken,
für glatte Haare und für Locken,
den Rasen und die Blätterhaufen,
für alle Dinge, die wir kaufen.

Herr, danke für all´ die Geschwister,
für die Tabletten, dort im Blister,
für Bücher, explizit die Bibel,
für Knoblauch, Paprika und Zwiebel.

Herr, danke für dein Sein in Allem,
ob Bergmassiv, ob Mäusefallen,
für Anfang aber auch das Ende,
gegeben nur durch deine Hände.

Herr, danke, alles kommt von dir,
ob Pflanzen, Menschen oder Tier.
Herr, danke für dein großes Schenken,
verzeih, dass wir das kaum bedenken.

Eine der großen Segnungen des Himmelreiches ist die, dass wir seinen Wert schon hier auf Erden kennen lernen. Der ist kein Narr, der hingibt, was er nicht behalten kann, um zu gewinnen, was er nicht verlieren kann.

- Jim Elliot -

Odyssee

Sie machte eine lange Reise
zu ihrem großen Ziel.
Und manchmal war sie ganz verzweifelt,
es wurde ihr zu viel.

Der Weg war steinig und gefährlich,
sie hatte mehrfach Glück,
dem Tod durch die Verkehrsteilnehmer,
entkam sie oft ein Stück.

Ob Regen oder große Hitze,
sie blieb der Route treu.
Wenn sie auch manchmal müde anhielt,
der Start gelang ihr neu.

Das Ziel vor Augen gab ihr Kraft,
sie sah es in der Weite,
und als die Dämmerung begann,
erreichte sie die Seite.

Die Schnecke hatte es geschafft,
von links nach rechts zu kommen,
hat anderntags den Rückweg
auf dem Fahrradweg genommen.

Der Mensch, dem nie die Zeit ganz reicht,
kann von der Schnecke lernen,
den Zeitdruck, der ihn oftmals treibt,
aus seinem Tag entfernen.

Gelassenheit, Geduld und Güte,
sind dann Begleiter nur,
so bleibt am Ende, wie bei Schnecken,
von Menschen auch die Spur.

Dankbar für alles, was war.
Geduldig alles ertragen, was ist.
Neugierig auf alles sein, was kommt.
Gelassen in Gottes Hand geschmiegt.
-Isnah Eggiw-

Aufstehen II

Es sitzt ein Mensch am frühen Morgen
und macht sich um die Zukunft Sorgen.
Wohin das alles wohl noch führt,
als er in seinem Kaffee rührt.

Was tun mit all´ den Asylanten?
Die Armut unter den Bekannten?
Die Einsamkeit so vieler Alten?
Er denkt: Die Welt wird wohl erkalten!

Es sitzt ein Mensch am frühen Morgen
und macht sich um die Zukunft Sorgen.
Er sieht Probleme auch zuhauf,
trinkt seinen Kaffee und steht auf.

Liest Zeitungen den Alten vor,
zeigt Kindern, wie man schießt ein Tor,
geht mit dem Flüchtling auf das Amt,
lehrt deutsch, dem, der von hier nicht stammt.

Liest Bücher vor im Kinderhort,
schenkt Kleinsten schon den Spaß am Wort,
legt Münzen in den Plastikbecher,
bekleidet obdachlose Zecher.

Gibt Rat, dem, der nach Hilfe fragt,
schenkt Trost, dem Menschen, der verzagt.
Zwei Menschen betten sich zur Ruh´,
sie machen ihre Augen zu.

Der Erste schwelgt in seinem Schmerz,
der Zweite, der wächst himmelwärts.
Der Erste seufzt: Ein schlimmes Land.
Der Zweite nutzte Herz und Hand.

*Modifizierte und erweiterte Fassung des
Gedichts „Aufstehen" aus dem Gedichtband
„Bittersüßes Menscheinander"*

„Man kann nicht allen helfen", sagt
der Egoist und hilft niemandem.
„Man kann nicht allen helfen", sagt
der Realist und hilft einem.
— Verfasser unbekannt —

Mitgefühl (Compassion)

Abgeschoben, ausgegrenzt,
versteckt, missbraucht, gequält.
Schicksal von Millionen Kindern,
doch nicht selbstgewählt.

Steine klopfen, Bälle nähen,
ihre Kenntnis von dem Sein,
keine Hoffnung, keine Träume,
jedes Kind allein.

In den Gossen, auf den Halden,
Müll als Nahrung nur,
täglich Schmutz und endlos leiden
und von Kindheit keine Spur.

Kinder, die im Unrat wühlen,
dort auf Großstadtmüll.
Wo sind ihre Menschenrechte?
Doch die Welt schweigt still.

Keine Bildung, keine Nahrung,
Leben voller Not,
weggeworfen wie der Unrat,
keinen stört ihr Tod.

Leere Mägen, leere Hände,
auch die Augen leer.
Kinder haben aufgegeben,
wo kommt Hilfe her?

Von dem Reichtum abzugeben,
den der Wohlstand bringt,
ein paar Krümel für den Armen,
der im Leid versinkt.

Das gebietet uns der eine,
der uns reich beschenkt,
hoffend, dass der reiche Nehmer
auch an Ärmste denkt.

Sei der Strohhalm eines Lebens,
in dem großen Leid,
sei ein Geber voller Liebe,
mach dein Herz ganz weit.

Ein paar Euro jeden Monat,
für ein Kind, weit weg,
holt ein Wesen aus der Armut
und aus Not und Dreck.

Höre nicht auf jene Stimmen,
die dagegen sind,
schau nicht auf die Kritiker,
schau nur auf das Kind.

Sei ein Mensch mit Mitgefühl,
was „COMPASSION" heißt,
befreie Kinder aus der Not,
geführt durch Gottes Geist.

Höre nicht auf die, die sagen,
dass das Hochmut ist,
Hochmut ist, Not ignorieren,
indem man sie vergisst.

Gibst du gern, mit großem Herz,
denke an das Ziel,
die paar Euro scheinen wenig,
doch Weniges ergibt ein Viel.

Kinder aus Armut befreien, im Namen Jesu. Werde Pate. Infos auf:

compassion. de

Compassion setzt sich als christliches Kinderhilfswerk seit über 70 Jahren dafür ein, Kinder und Familien in 29 Ländern aus Armut zu befreien. Dafür braucht es ein starkes Team. Deshalb arbeitet Compassion mit über 8.600 lokalen Partnerkirchen zusammen. Sie kennen die Lebensbedingungen und Bedürfnisse der Menschen vor Ort. Durch ihre langjährige Erfahrung können sie die Menschen in ihrer Nachbarschaft am besten unterstützen. Stell dich an ihre Seite.

Count „DOWN"

Es steigt eine unfassbar grausame Zahl,
die wenigsten stört dieser Riesenskandal.
Bis zur Entbindung ist es erlaubt, dass man
einem Menschen des Daseins beraubt*.
Was hat er getan, warum muss er sterben?
Warum dürfen Helfer dafür auch noch werben?
Wieso bezahlt Gesellschaft das Töten?
Gibt es keinen anderen Ausweg aus Nöten?
Die Menschen voll Sanftmut sind vorrangig Ziel,
sie haben ein Chromosom nur zu viel**.
Sie dürfen nicht leben, weil man sie nicht lässt,
die Kassen bezahlen den Todbringetest.
Ein Mensch wird ermordet, der völlig Mensch
ist, dem diese Gesellschaft kaum Würde
beimisst. Man nennt es oft anders, verschönend
„Abtreiben," egal was man sagt, es wird Töten
bleiben. So sterben Geschöpfe, vom Himmel
gesandt, von Menschen verachtet, durch
ärztliche Hand. Wo bleiben die Vielen, die
Vielfalt laut preisen, die scheinbar jedoch nur
auf Eigene weisen.

Wie kalt sind Gemeinschaften, die sogar
werben, zu helfen, damit Ungewollte auch
sterben? Wie seelenlos ist diese gottlose Zeit,
die sich von vermeintlichem Unwert befreit.
Dem Schöpfer bereitet das unsagbar Qual,
die Schreie der Stummen in horrender Zahl.
Doch nimmt er zurück, die aussortiert werden,
als lebensunwerter Ausschuss auf Erden.
Die Wunder, einmalig, ein herrlicher Schatz,
von Menschen betrogen um ihren Platz.
Es sind keine Zellen und kein Material,
die täglich verschwinden in riesiger Zahl.

**Im Jahr 2023 wurden 106000 Kinder im
Mutterleib getötet.
(Quelle: destatis.de 04/2024)**

***Das wird bis zur Geburt ermöglicht, nachdem dem Kind
zuvor ins Herz oder die Nabelschnurvene eine
Kaliumchlorid-Lösung gespritzt wird, was den Herzstillstand
bewirkt. (Quelle: familienplanung.de)**

****Ca. 85-90 % der Eltern die die vorgeburtliche
Diagnose Down-Syndrom bekommen, entscheiden sich
gegen das Kind.
(Quelle: die neuenorm.de)**

The End

Es rennen die Menschen
mal hin und mal her.
Sie rennen und rennen
und sorgen sich sehr.

Sie grübeln vergeblich
was morgen wohl ist.
Das scheint für ganz viele
das Lebensgerüst.

Sie sorgen um Körper,
nur selten um Geist.
Das einst auch der Tod kommt,
vergessen sie meist.

Was ist es im Menschen,
das täglich es schafft,
den ganz auszublenden,
der alles wegrafft?

Denn eines ist sicher
zu hundert Prozent,
am Ende des Filmes
steht stets nur „The End".

Wir alle erleben,
wir stehen einst still,
das Körper verweigert,
wo Geist es noch will.

Was ist mit der Menschheit,
die völlig vergisst,
dass Sein auf der Erde
nur kurzfristig ist?

Die Bücher gelesen,
die Fragen gestellt.
Die Wege gegangen
durch Wüsten der Welt.

Die Freude, die Trauer,
das Glück und das Leid,
ein Auf und ein Ab
im Vergehen der Zeit.

Dann sterben wir alle,
ob arm oder reich,
wie wahr ist die Phrase:
Der Tod macht uns gleich!

Kein Mensch kann sie lösen,
die Rätsel der Welt,
da helfen nicht Ruhm,
oder Ehre, noch Geld.

Der Mensch glaubt tatsächlich,
es sei eine List,
wenn er die Begrenztheit
des Daseins vergisst.

Doch werden wir alle
einst wieder vergehen,
die Sanduhr, sie lässt
sich nur einmal umdrehen.

Es gibt eine Antwort,
die hat Fundament,
für jenen, der seinen
Geber erkennt.

Die Antwort ist Jesus,
er ist einst gekommen
und hat seinen Kindern
die Sünden genommen.

„Hör auf mit Vertröstung",
wird mancher nun sagen,
„du willst uns mit Angst
vor dem Tode nur plagen!"

Man muss es erfahren,
man kann nicht beschreiben,
man kann keinen Menschen
zu Jesus hintreiben.

Doch wer zu ihm kommt,
wird selber erfahren,
er ist, was er sagt,
seit tausenden Jahren.

Er ist Sinn des Lebens
und wird allen geben,
den Sinn, den die meisten
vergebens erstreben.

Weitere zurzeit noch überall in Buchhandlungen oder über Internetanbieter bestellbare Bücher:

Bittersüßes Menscheinander
Humorvolle und besinnliche Gedichte eines Dorfpoeten aus 20 Jahren, 200 Seiten, ISBN-13: 9783848224364, Verlag: Books on Demand

Himmelwärts
Ein Dorfpoet erzählt
Besinnliche, satirische, humorvolle Kurzgeschichten, Zitate, Parabeln, Anekdoten, Essays, Erzählungen und Märchen
196 Seiten, ISBN-13: 9783757817794, Verlag: Books on Demand

Was ein Kind braucht
Gedichte über Kinder und Kindheit
64 Seiten, ISBN-13: 9783748170846,
Verlag: Books on Demand

Wenn Jesus in das Leben kommt
Christliche Gedichte
104 Seiten, ISBN-13: 9783752857306,
Verlag: Books on Demand

Jesus, Weg, Wahrheit, Leben,
Gedichte und Zitate
132 Seiten, ISBN-13: 9783756822096,
Verlag: Books on Demand

Maleks Umkehr
Roman, 116 Seiten, ISBN-13:
9783759761347, Verlag: Books on
Demand